KB268375

사십구재란 무엇인가

사십구재란 무엇인가

2015년 5월 1쇄 찍음
2015년 5월 1쇄 펴냄

지은이 | 효림
펴낸이 | 김두형
펴낸곳 | 도서출판 동진 · 삼보

등록번호 | 제2-3710호
주소 | 경기도 성남시 중원구 상대원동 517-13 중앙인더스피아 B동 309호
전화 | 031-732-9905
팩스 | 031-732-8972
전자우편 | dj1399@hanmail.net

ISBN 89-90644-04-6 03220

사십구재란 무엇인가

효림 지음

이 책의 내용은 효림 스님이 수년전에 신도들을 상대로 사십구재에 대하여 강연한 내용을 정리한 것입니다.

이 책은 사십구재의 의미를 설명한 것입니다. 따라서 의식의 내용이나 순서 등에 대한 것은 개략적인 설명에 그쳤습니다. 그러나 일반적으로 사십구재를 지내고도 그 의미를 모르는 분들이 많습니다. 이 책을 통하여 그 의미를 알 수 있을 것으로 기대합니다.

사십구재는 이제 불교계뿐만 아니라 우리의 중요한 제례문화祭禮文化이고, 근자에는 사회적인 문화로 자리 잡고 있습니다. 따라서 이러한 문화를 보다 적극적으로 홍보하고 보급해서 일반화해야 할 필요가 있다고 봅니다. 그런 차원에서 도서출판 동진 · 삼보에서 이 소책자를 발간하였습니다. 불자들뿐 아니라

많은 사람들이 읽고 사십구재를 이해하는데 도움이
되었으면 합니다.

　사찰에서 사십구재를 지낼 때는 불자가 아닌 사람
들도 많이 참여합니다. 그리고 사십구재 때는 영가
를 위하여 법보시를 하는 전례가 있습니다. 따라서
이 책을 사십구재를 지낼 때 참석한 분들에게 법보
시法布施로 나누어 드리면 좋습니다. 그것은 사십구재
의 의미를 일반대중이 이해하도록 하는데 도움이 될
뿐 아니라 사십구재를 일반화 하는 데도 도움이 될
것입니다.

2015년 5월
자림사 주지 만성 합장

차 례

부록 | 사십구재와 천도재에 대한 몇 가지 질문

인생이란 무엇인가

인생은 어디로부터 온 것이며
죽음은 어디로 가는 것인가.
인생이란 한 조각 뜬 구름이 일어나는 것이며
죽음이란 한 조각 뜬 구름이 흩어지는 것이네

도대체 인생이란 무엇입니까? 국어사전을 보면 '목숨을 가지고 살아가는 사람'이라고 나와 있습니다. 그러니까 부모로부터 몸을 받아 세상에 태어나서 죽을 때까지의 삶을 인생이라고 보면 될 것입니다.

하지만 그렇다고 이것으로 인생에 대한 의문이 풀렸다고 생각할 수는 없겠지요. 누구나 이 정도는 이미 알고 있는 것이니까. 아니 우리는 이미 인생이란 것이 무엇인가 하는 정도는 너무나 잘 알고 있는지도 모릅니다. 왜냐하면 지금 우리들이 살아가고 있는 이것이 바로 인생이니까요. 그렇지만 막상 '인생이란 무엇인가'하는 질문을 앞에 놓고 보면 '바로 이것이다'하고 쉽게 답변이 나오지 않습니다. 실제 자신이 살고 있는 것이 인생이고 또 살고 있는 것이기에 너무나 잘 알고 있는 것 같지만 막상 질문을 앞에 놓고 보면 말문이 막히고 알 듯 말 듯 하면서 말로 표현하기가 어려운 것이 인생이기도 한 것입니다.

사람이 살아간다고 하는 것, 그것이 인생인데, 이

살아간다고 하는 것이 그렇게 간단한 문제도 아닐 뿐 아니라 쉽게 말로 표현되는 것이 아닙니다. 나는 가끔 사람들에게 나이를 물어 볼 때 '인생을 몇 년이나 살았습니까?'하고 묻습니다. 우리가 나이를 30살 내지는 40살이라고 하는 것은 인생을 30년 내지는 40년 살았다는 이야기가 아니겠습니까.

여기서 우리는 매우 중요한 것을 알아야 합니다. 인생이란 우선 무한한 것이 아니라는 것을 알아야 합니다. 매우 제한적인 것이고 한시적인 것입니다. 따라서 인생을 30년 내지 40년 정도 살았다는 말은 자기가 가지고 있는 삶의 양을 그 만큼 소모했다는 말입니다. 우리가 살아가면서 돈을 벌고, 또는 출세를 위해 노력하고, 명예를 얻기 위해 동분서주하지만 그것이 모두 자기 목숨을 소모하고 있는 것이지요. 이런 것들이 아무 가치가 없다는 뜻은 아니지만 이렇게 무엇과도 비교할 수 없는 자신의 목숨을 소모하면서 살아가는 것이 인생이니 만큼 보다 값지고 가치 있는 일을 하면서 살아야 할 것입니다. 10년 동안 무엇을 했다고 하는 것은, 그 일을 위해서 자기의 귀중한 목숨의 양量 10년분을 소비한 것입니다. 그래서 우리가 인생 몇 년을 살았다고 하는 것은 몇 년치의 목숨을 죽였다는 것이나 같은 말입니다. 결국 우리가 인생을 살고서 얻는 것은 경험과 죽음밖에 없는 것입니다. 이같이 인생을 살고 얻는 경험을 불교에서는 업業이라고 하는 것입니다. 죽어서 가져가는 것은 결국 업밖에 없다는 것입니다. 공수래공수거空手來空手去라고 하여 유형의 무엇을 가지고 오고 가지고 가는 것은 아니지만, 무형의 업을 가지고 오고 가지고 간다는 것입니다.

그렇습니다. 인생은 결국 죽음을 향하여 달려가는 것에 불과합니다. 그것도 제동장치가 없는 자동차를 타고 달려가는 것과 같다고 해야 하겠습니다. 그 달려가는 세월 동안 별의별 경험을 하게 되는데 그 중에는 악업惡業도 있고 선업善業도 있게 되는 것입니다. 인생의 내용이 풍부한 것은 결국 이 같은 업을 많이 지었다는 것입니다.

여기서 잠깐 한번 생각해 봅시다. 우리가 살아가는 것은 바로 죽음을 향하여 달려가는 것이라고 했습니다. 흡사 제동장치가 없는 자동차와 같다고도 했습니다. 제동장치가 없으니 멈추려고 해야 멈출 수가 없습니다. 아니 멈추는 것은 바로 죽음입니다. 멈추는 순간 바로 죽음이 되는 것이지요. 그리고 뒤로 돌아간다든지 후진을 할 수 있는 것도 아닙니다. 우리가 산다는 것은 그냥 앞으로만 갈 수 밖에 없는 그런 것입니다.

이렇게 볼 때 우리가 살아간다는 것은 매우 소중한 것입니다. 가령 한 십 년 연습으로 살아보고 다시 십 년 뒤로 돌아와서 정식으로 멋지게 살아 본다든지 하면 좋을 텐데 그렇게 할 수가 없는 것이 인생입니다. 그런 인생을 살아가면서, 자기 삶을 함부로 하는 사람들이 많습니다. 어영부영 하는 일 없이 세월만 보내는 사람도 있고, 흥청망청 술이나 먹고 이 사람 저 사람 어울려 다니면서 노느라고 부모가 물려준 재산을 탕진하며 사는 사람도 있고, 별의별 사람이 다 있습니다. 이런 사람들은 자기 목숨을 탕진하는 것입니다. 딱 한번 사용 할 수 있는 목숨을 낭비하고 탕진하고 마는 것입니다.

어떤 사람들은 인생을 제법 짬지게 산다고 합니다. 나름으로 열심히 무엇인가를 노력하면서 살아가지요. 학문을 하기도 하고, 예술을 하기도 하고 또는 장사를 한다든지, 직장에 다닌다든지 사업을 하기도 하는 등 열심히 살아갑니다. 이렇게 착실하게 열심히 자기에게 주어진 직분을 따라 사는 것은 좋은 일입니다. 허랑방탕하게 살아가는 것과는 달리 인생을 잘 살았다고 할 수 있습니다.

그러나 이렇게 살고 죽으면 무엇이 남는가, 하는 것입니다. 결국 죽고야 마는 인생인데 남는 것이 무엇이냐? 이런 의문을 생각하지 않을 수가 없는 것입니다.

여기에서 사람들은 종교를 찾게 되는데, 살아서 착실하게 살았는데 그렇게 착실하게 살고나면 죽어서 어떤 보상이 있고, 또 어떤 결과가 있을 것을 기대하게 됩니다. 거기에 종교는 천당을 간다, 혹은 극락을 간다고 말을 합니다. 물론 인과응보가 있기 때문에 이 같은 말이 전혀 틀린 것은 아닐 것입니다. 착실하게 산 사람은 천당도 가고 극락도 갈 것입니다. 그리고 반대로 나쁜 짓을 많이 하고 산 사람은 지독한 고통을 받는 지옥에 갈 것이고요.

따라서 우리는 여기서 그 산다는 것의 의미와 죽는다고 하는 것에 대한 의미를 한번 살펴보자는 것입니다. 진짜 죽으면 천당을 가는지, 지옥을 가는지 한번 생각해 보자는 것입니다.

인생은 어디로부터 온 것이며
죽음은 어디로 가는 것인가.
인생이란 한 조각 뜬 구름이 일어나는 것이며
죽음이란 한 조각 뜬 구름이 없어지는 것이네

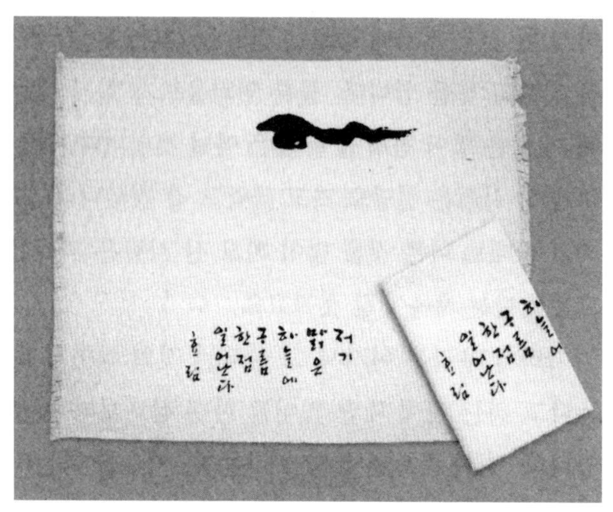

이 게송[1]은 사십구재를 지낼 때 스님들이 하는 송경[2]誦經 가운데 나오는 것입니다. 이 게송에서는 생生과 사死, 다시 말해서 삶과 죽음을 맑은 하늘에 구름 한 점이 일어났다가 없어지는 것으로 말하고 있습니

---

1 시의 형태를 빌어 불교의 사상을 표현하는 것을 이르는 것입니다. 주로 경전에서는 먼저 설법을 하고, 다시 그 뜻을 게송으로 말합니다. 이런 것을 중송重頌이라고 말합니다

2 경전을 외운다는 뜻이다. 불교에서 하는 제반의식에서 경을 읽는 것을 주로 송경이라고 한다

다. 어머니 태를 의탁해서 세상에 태어나는 것은 구
름 한 점이 생겨나는 것이고, 다시 죽는다 하는 것은
있던 구름이 바람에 흩어져 없어지는 것과 같은 것
이라는 것입니다.

이 게송이 말하고 있는 것은 근본적으론 생사란 없
다는 것입니다. 이것은 불교의 부처님 가르침이기도
하고 역대 모든 스님들이 도를 닦아 깨달은 바 있습
니다.

그럼 우리가 보는 죽음이라는 것은 무엇이냐. 그것
은 다만 불성이 입고 있는 옷, 다시 말해서 이 몸뚱
이가 태어나고 죽는 것입니다. 비유하자면 자동차를
타고 다니다가 오래 되면 새 차로 바꾸듯이 이 몸뚱
이도 오래 사용하여 늙어지면 버려야 합니다. 옷을
입고 있다가 오래되어 때가 묻고 더러워지거나 떨어
저 못 입게 되면 버리고 새 옷을 사 입듯이 이 몸뚱
이도 그와 같은 이치라는 것입니다. 그래서 나고 죽
는 것은 이 몸뚱이가 하는 것이지 불성의 입장에서
보면 나고 죽는 것이 따로 없는 것입니다. 아울러 헌

옷을 버릴 때와 같이 자기 앞에 다가온 죽음이라고 하는 것에도 조금의 미련도 가질 필요가 없습니다.

사람들이 사는 것은 좋아하고 죽는 것은 싫어하는데 이것은 나고 죽는 것이 있다고 보고, 죽음이 삶의 종말이라고 보는 잘못된 생각 때문에 그렇게 되는 것입니다. 그렇지 않고 진정 삶과 죽음이 없다는 것을 안다면 그리고 죽음이란 헌 차를 바꾸는 것과 같고, 헌 옷을 벗어 버리는 것과 같은 것이라고 분명히 안다면 죽는 것을 싫어하지 않게 될 것입니다. 생각해 보십시오. 누구든지 헌 옷보다 새 옷을 좋아하고, 고물차보다는 새 차를 좋아하지 않습니까. 그러니 낡고 오래된 몸을 벗어 버리고 새 옷으로 갈아입는다면 얼마나 기쁘고 좋은 일이겠습니까. 이렇게 삶과 죽음을 둘로 보지 않고 달관한 사람은 죽음을 싫어하거나 두려워하지 않는 것입니다.

그래서 실제로 도를 많이 닦은 고승들은 죽을 때 임종게라고 하는 시를 하나 턱 지어 놓고 좋은 기분으로 가는 것입니다. 흡사 이웃에 마실방 가듯이 그렇게 가는 것입니다.

모든 생명은 생명의 근원인 불성佛性이라고 하는 것이 있습니다. 아니 생명 자체가 바로 불성이고 불성이 바로 생명입니다. 이것은 원래 구족具足하고 원만圓滿한 것이며, 우주 삼라만상森羅萬象이 생기기 이전부터 있는 것이라고 했습니다. 이것은 새로 생겨나는 것도 아니고 또 죽어서 없어지는 것이 아닙니다. 이것은 여러 가지 조화를 일으키는데 그것이 가지가지의 업보를 짓게 되는 것이기도 합니다.

그래서 서산 스님은 『선가귀감』에서 "여기 한 물건이 있는데 본래부터 한없이 밝고 신령하여 일찍이 나지도 않았고, 죽지도 않았다. 이름 지을 길 없고 모양 그릴 수 없다. 한 물건이란 무엇인가?

옛 어른은 이렇게 노래했다.

한 부처님 나기 전에
의젓한 동그라미
석가도 알지 못한다 했는데

어찌 가섭이 전하랴.

이것이 한 물건이 나지도 않고 죽지도 않으며, 이름 지을 길도 모양 그릴 수도 없는 연유다"라고 하고 있습니다.

다시 한 번 살펴봅시다. 인생에 있어서 죽음이란 필연적인 것이기는 하지만 그렇다고 그것을 두려워하거나 기피할 것은 없습니다. 두려워한다고 해서 문제가 해결되는 것도 아니고 기피한다고 해서 피할 수 있는 것도 아닙니다. 다만 사람들이 일반적으로 죽음이라고 인식하고 있는 것은 몸뚱이가 있다가 없어지는 것이라고 생각하면 됩니다. 비록 몸뚱이가 죽어 없어진다고 하더라도 몸과 관계없이 불생불멸하는 불성이 있다는 것을 알아야 하겠습니다. 바로 이 불성이 천차만별千差萬別의 조화를 부려 죽음도 있게 하고 업보도 짓게 하는 것이라고 생각하면 됩니다.

사십구재란 무엇인가

영가가 돌아가신 날로부터 칠일마다 한번씩
재를 올리게 되는데 그것을 또 일곱 번
올립니다. 그 일곱 번째를 막재, 또는
칠칠재라고 하기도 하고 사십구재라고 합니다.

위에서 삶과 죽음은 근복적으로 없다는 것을 살펴보았습니다. 다만 죽음이라는 것은 몸이 있다가 없어진 것이라는 것을 알았습니다. 그럼 삶과 죽음이란 근원적으로 없다는 인식 아래 불교의 중요한 장례 의식 가운데 하나인 사십구재를 한번 살펴보도록 합시다.

지금 우리나라에는 불교신도가 아니라고 하더라도 사람이 죽으면(앞으로 죽음이라고 하는 것은 바로 육신의 죽음을 의미하는 것입니다) 으레 사십구재를 지내는 것으로 알고 있습니다. 그러면 사십구재란 무엇일까요.

우선 사람이 죽은 날로부터 사십 구 일 만에 지내는 제사祭祀라고 알고 있는 사람들이 많을 것입니다. 이렇게 알고 있어도 될 듯하지만 이는 바르게 알고 있는 것이라고 할 수는 없습니다. 사십구재는 우리나라에서 보편화된 제례문화祭禮文化로 자리 잡았습니다만 그 의미의 근본 뜻은 제사라고 하는 제祭가 아니라 재공양齋供養이라고 할 때의 재齋라는 것입니다.

이 글자는 불교에서 사용하는 전문 용어로써 부처님이나 또는 도덕이 높은 스님들께 무엇인가 공양물供養物[3]을 받들어 올린다는 의미의 글자입니다. 그래서 사십구재란 돌아가신 영가靈駕[4]에게 공양물을 받들어 올린다는 의미를 가지고 있습니다. 여기서도 돌아가신 영가를 유교식儒敎式의 죽음으로 받아들이는 것이 아님을 알 수 있습니다.

동양 사상에서는 사람의 생명 활동을 혼백이라고 하고 혼에 세 가지, 백에 일곱 가지가 있어 그것을 삼혼三魂 칠백七魄이라고 합니다. 혼은 사람의 정신활동을 관장하는 것으로 사혼思魂 언혼言魂 황혼荒魂이라고 하고, 칠백은 육체의 장기를 배대하여 이르는 것입니다. 사람이 죽으면 이 혼백이 남아서 자손에게 음덕을 베푼다고 생각하는 것입니다. 그러다가 세월

---

3 부처님이나 수행하는 스님들께 받들어 올리는 유무형을 이릅니다. 절에 가면 '공양 드세요'라는 말을 들을 수 있을 것입니다. 절에서는 이처럼 밥이나 기타 먹는 음식도 모두 공양이라고 부릅니다

4 죽은 사람의 영혼을 이르는 말입니다

이 오래 흐르고 나면 육신인 백은 땅으로 흩어지고 혼은 허공중으로 흩어진다고 봅니다. 그래서 유교에서 제사祭祀를 일정 기간 지내고 그 뒤에는 안 지내는 것이 그 후에는 혼백이 사라지고 없어졌다고 보기 때문인 것입니다. 이렇게 불교의 재와 일반적인 제사와는 엄격한 내용상의 차이가 있는 것입니다.

사십구재를 지내기 위해서는 영가靈駕가 돌아가신 날로부터 칠일마다 한 번씩 재를 올리게 되는데 그것을 또 일곱 번 올립니다. 가령 요일로 계산을 하면 화요일 날 돌아가신 분은 돌아가신 날로 따져서 칠일이 되는 날이니까, 재를 올리는 요일이 매주 월요일 날이 되는 것입니다. 그렇게 여섯 번의 재를 올리고 일곱 번째 재를 막재, 또는 사십구재라고 합니다. 보통 칠일마다 재를 올릴 때 처음 지내는 재를 초재라고 하고 그 다음부터 이재 삼재라는 식으로 부르고, 재를 올릴 때도 간소하게 합니다. 그리고 마지막 사십구일 되는 날, 일곱 번째 올리는 재는 비교적 성대하게 합니다. 그래서 그것을 사십구재라고 하는 것입니다. 가끔 스님들이 사십구재라고 하지 않고 막재, 혹은 칠칠재라고 하는 말을 들었을 것입니다. 모두 사십구재를 지칭하는 것입니다.

이렇게 칠 일만에 한 번씩 재를 올리는 것은 몸을 벗어버린 영가가 몸을 가지고 있을 때 지은 업에 따라 다음 생을 받아 돌아가야 하는데 그 기간이 7일을 일주기로 하여 7주 기간 동안 계속되며, 그 기간 동안 중음中陰[5]를 면하고 다음 생生을 받을 인연因緣이 정해져 본생처本生處[6]로 가서 다시 태어나는 것입니다. 중음이란 이승과 저승의 중간 지점에 있다고 해서 붙여진 이름입니다.

이 사십구재는 『법화경法華經』[7]사상과 『화엄경華嚴經』[8], 『지장경地藏經』[9], 『아미타경阿彌陀經』[10], 『약사여래

---

5 죽어서 새로운 몸을 받지 못한 상태를 말합니다
6 자신이 지은 인연을 따라 자신이 태어날 곳을 말합니다
7 대표적인 대승경전으로 본래의 명칭은『묘법연화경妙法蓮華經』입니다
8 법화경과 함께 대승경전의 대표적인 경전으로『대방광불화엄경』이 본 이름입니다
9 지장보살의 사상을 나타낸 경전입니다
10 아미타불의 왕생극락 사상을 나타낸 경전입니다

경 藥師如來經』[11]등의 사상에 근거해서 하는 의식儀式입니다. 이 같은 의식은 우리나라 불교의 특성입니다. 더욱이 이 같은 특성은 조선시대의 조상숭배가 강한 유교문화 속에서 우리나라만의 고유한 민족의 의식으로 자리 잡은 것이라고 생각해도 좋을 듯합니다. 다시 말해서 사십구재는 불교의식으로 발전해 온 것이지만, 이제는 불교 의식을 뛰어 넘어 우리 민족의 고유한 문화 의식으로까지 발전한 것입니다.

그러다가 최근에는 사회적인 문화 의식으로 발전하기도 했습니다. 가령 사회적으로 유명 인사가 죽었을 때 그 장례식 못지않게 사십구재도 공개적인 추모 행사로 진행되는 등의 예가 갈수록 많아지고 이제는 정착되는 단계까지 이르렀기 때문입니다. 다시 말해서 사십구재가 사찰 안의 의식이 아니라 한 국사회의 추모 문화로 정착되었다는 것입니다. 심지어는 기독교계의 유명한 원로 목사가 돌아가셨을 때

---

11 병든 사람을 고쳐준다는 약사여래의 사상을 담은 경전입니다

사회적으로 유명 인사가 죽었을때 그 장례식 못지 않게 사십구재도 공개적인 추모
행사로 진행되는 등의 예가 갈수록 많아지고 이제는 정착되는 단계까지 이르렀기
때문입니다.(삼각산 도선사)

도 사회적인 행사로 사십구재를 지낸 예도 있습니
다. 이것은 매우 긍정적이고 바람직한 일이라고 봅
니다.

불교의 사상이나 교리적인 내용을 떠나서 사십구
재라고 하는 망자의 추모 행사로 자리 잡는다는 것
은 불교인의 입장을 떠나서 권장되고 잘 발전되어야
할 것이라고 봅니다.

사십구재의 의식 내용

사십구재의 기본 정신은 육체를 벗어난
영가를 위로하고 부처님의 나라로 인도하고
나아가 무명無明을 벗고
해탈解脫하도록 하는 천도의식입니다.
그러니 만큼 처음부터 끝까지 가장 중요한 것은
정성을 다하는 것입니다.

불교에서는 재齋를 지낸다고 하기도 하지만, 재라는 말이 본래 의미가 받들어 올린다고 하는 뜻인 만큼 재를 올린다고 말하기도 합니다. 이 사십구재를 올릴 때 스님들이 요령과 목탁을 치면서 염불을 하는데 이때의 염불 내용은 주로 부처님의 명호와 부처님의 공덕을 찬송하는데, 경전이나 옛 고승들이 남긴 좋은 게송을 읽는 것을 중심으로 합니다. 스님들이 목탁과 요령 등의 법구法具를 사용하면서 그 박자에 맞추어서 송경을 하는 것이지요. 이런 불교의식의 내용을 총체적으로 잘 정리하여 모아 놓은 것을 『석문의범釋門儀範』이라고 하고 그 『석문의범』 중에 관음시식觀音施食[12] 또는 화엄시식華嚴施食[13]과 종사열반작법[14] · 상용영반 등이 있습니다. 이것이 모

---

[12] 시식이란 영가에게 법法으로 음식을 베풀고 경전을 읽고 법문을 해 주는 의식을 말합니다. 관음시식이란 관세음보살의 자비공덕으로 영가를 천도하는 시식을 말합니다. 주로 사십구재는 이 관음시식으로 칩니다

[13] 관음시식과 같이 영가를 천도하는 의식입니다. 관음시식과 다른 점은 의식의 내용이 짧고 간단하다는 것입니다

[14] 스님들이 돌아가셨을 때 하는 재齋 의식으로써 일반신도들의 시식의식보다 매우 간소합니다

두 영가를 위한 재를 올릴 때 사용하는 의식작법儀式作法입니다. 그 중에서 일반 불자들의 사십구재는 관음시식으로 합니다.

재를 올리는 절차는, 먼저 영가를 목욕재계沐浴齋戒시키는 의식으로 관욕灌浴[15]를 합니다. 관욕은 요즈음 일부 생략하는 절도 있습니다. 그 이유는 현대사회에서 직장에 다니는 사람들이 많다 보니 재자齋者[16]들이 바쁘다는 핑계로 의식을 간략하게 하는 것을 좋아하기 때문이라고 합니다. 하여튼 관욕은 재를 올리기 전에 영가를 목욕시키는 의식입니다.

관욕은 별도로 재를 올리는 영단靈壇 옆에 관욕단灌浴壇을 차리고 그 단을 병풍으로 가립니다. 가린 병풍 속에는 작은 상위에 촛불을 켜고 향로와 영가의 위패, 종이로 접은 영가의 바지저고리 그리고 옷을 한 벌 놓습니다. 맑은 물을 깨끗한 대야에 담아 놓고 기왓장이나 벽돌을 그 옆에 하나 둡니다. 맑은 물에는

---

15 영가를 목욕시키는 의식을 말합니다
16 재를 올리기 위해 온 영가의 일가친척

좋은 향을 담가 놓습니다. 향내가 나는 물에 영가가
목욕을 하라는 뜻입니다.

법주法主[17]가 관욕 의식의 염불念佛을 하는 중에 화
의재진언化衣財眞言[18]을 염송하는 대목에 이르면 바라
제[19]를 하는 스님은 병풍으로 가려 놓은 뒤에서 종이
로 접은 바지저고리를 태웁니다. 바지저고리를 태
울 때 대야 옆에 기왓장을 놓고 그 기왓장 위에서 태

---

17 재의식을 주관하고 집전하는 스님을 말합니다
18 종이옷을 태워서 법의를 만드는 진언을 말합니다
19 법주를 도와 재의식을 주관하는 스님, 우리말에 바라지라는 말, 즉 뒷바라지를
   한다 등의 그 바라지라는 말은 바로 여기 바라제에서 온 말입니다

우는데 탄 재가 대야 속 물 위에 떨어지도록 합니다. 중요한 것은 매우 정중하고도 신비롭게 해야 한다는 것입니다. 그리고 참고로 이런 의식을 할 때 스님들이 그냥 하지 말고 그 취지와 의미를 재를 지내는 재자들에게 설명을 해 주는 것이 좋습니다. 내 경우 관욕 의식은 되도록이면 짧게 하고, 그 의미를 잘 설명합니다.

일단 관욕이 끝나면 이어서 상단불공上壇佛供[20]을 합니다. 상단이란 부처님을 모신 단을 이르는 말로 상단불공이란, 영가에게 재공양을 올리기에 앞서 먼저 부처님의 가호가 영가에게 내리기를 기원하는 불공 의식입니다. 이 불공 의식은 평소 부처님에게 하는 불공 법식과 별반 다를 것이 없지만, 다만 아미타불이나 지장보살님께 불공을 올린다는 것과 축원祝願을 할 때 영가의 극락왕생極樂往生을 기원하는 내용을 담는다는 것이 특징입니다. 축문을 한지에 정중하게

---

20 상중하단으로 나누어 상단은 부처님, 중단은 신중님, 하단은 영가의 위패를 모십니다. 따라서 상단불공은 부처님께 올리는 불공의식을 말합니다

쓰고서 법주가 그것을 들고 읽는 것이 정식인데 상당히 번거롭고 또 요즘은 붓으로 축문을 쓸 수 있는 사람들이 드물기 때문에 생략하고 평소 외우고 있는 내용으로 하는 것이 상례입니다.

이렇게 상단 불공이 끝나면 큰스님을 청請하여 영가법문靈駕法門을 듣기도 합니다. 대개의 사찰에서는 영가법문을 생략하기도 하고, 아니면 의식을 집행하는 법주가 간략하게 사십구재에 대한 의미를 설명하는 것으로 대신하기도 합니다. 하지만 여법如法한 법석法席을 마련할 수가 있다면 큰스님을 모시고 청법請法을 하여 법문을 듣는 것이 좋다고 생각됩니다. 이날 법문의 내용은 무명無明 속에 혼침昏沈하는 영가가 홀연히 한 생각 보리심菩提心을 내어서 번뇌煩惱를 끊고 해탈解脫을 이루라는 것입니다.

영가가 살아생전 자신의 육신肉身이 자신의 전부인 것으로 생각하다가 이제 그 귀중하게 생각하던 육신을 잃어버리고 중음의 신세가 되어 떠돌 때, 큰스님의 활구법문活句法門[21]을 듣고 한 생각 마음의 문이 열린다면 그보다 더 좋은 사십구재 공양은 없을 것입니다. 여기서 만약 설법이 생략되더라도 법주 스님은 재자들에게 반드시 사십구재의 의미를 간략하게 설명하는 것이 좋다고 봅니다. 청법을 하려면 법사를 청해야 하고, 따로 법상을 차려야 하는 등의 번거로움이 있지만 법주 스님이 간략하게 설명을 하는 경우는 일체 이런 절차가 생략되기 때문에 시간도 절약되고 또 재자들에게 사십구재에 대하여 구체적인 의미를 설명할 수 있어 좋다고 봅니다. 내 경우는 법사로 초청 받아가서도 오히려 법상을 차리기보다는 법상 없이 또 별도의 의식 절차 없이 그냥 서서 일반 강의를 하듯이 간략하게 사십구재의 의미에 대하여 설명하고 불교의 생사관과 인과응보에 대하여 말해 줍니다. 대개 법상에서 하는 상단 법문보다 재자들이 더욱 감명을 받는 것을 볼 수 있었습니다. 우

---

21 살아있는 법문이란 뜻으로, 진리를 깨달을 수 있도록 하는 법문을 말합니다

선 우리가 중요하게 생각해야 하는 것이 사십구재를 올리면서 의식 절차를 통하여 재에 참석한 재자들을 감동하게 해야 합니다. 생각해 보십시오. 영가를 천도하겠다고 하면서 살아 있는 재자들도 감동시키지 못한다면 되겠습니까. 정성을 드리고 조금만 친절하게 하면 재자들이 감동하게 될 것입니다. 다음은 내가 평소 영가 법문을 할 때 낭송하는 구절입니다.

○○○영가시여! 오늘 여기 영가의 친족들과 일문권속, 그리고 여러 벗들과 이웃들이 모여 지극한 마음으로 재를 올리나이다. 도량은 청정하고 스님들 또한 모두 청정하시며, 법주 스님은 요령을 흔들고 목탁을 울리며 재를 올리는 데 정성을 다하고 있습니다. 마음을 기울여 영가를 위하여 외는 염불소리는 도량에 낭랑하게 울려 퍼지는데 어찌 영가께서 감응하지 못하셨습니까. 제단에 차린 음식 또한 정성이 담겨 있으니 부디 흠향하시고 기갈을 면하시고 법열을 일으키십시오.

○○○영가시여! 이제 슬픔을 멈추고 조용히 마음을 가라 앉게 해지고 미묘한 보리 법문에 귀를 기울이십시오. 모든 중생들은 본래로 여래의 지혜와 덕성을 갖추고 있습니다. 다만 망상과 집착 때문에 어리석은 무명에 빠져 망망한 지경에 있게 되는 것입니다. 지금 영가께서는 불시에 육신을 벗어나 앞을 보아도 망망하고 뒤를 보아도 망망한 지경에 처한 것을 잘 압니다. 하지만 법주 스님의 염불소리에 귀를 기울이고, 법사 스님의 귀중한 법문에 귀를 기울여 망상 집착을 버린다면 문득 눈앞이 환하게 열리는 밝은 빛을 만나게 될 것입니다. 이제 한 생각 돌이켜 집착을 버리십시오. 본래 성품은 깨끗하고 밝은 것입니다. 다만 그 밝고 깨끗한 성품이 부처님의 성품인데 공연히 어리석게도 집착심을 내어 스스로 어둠에 빠져 중생이 된 것입니다. 지금 영가가 그토록 아끼던 육신조차 허망하게 버렸듯이 집착심 또한 내린다면 바로 부처님의 지혜 광명을 얻어 스스로 부처님이라는 것을 알게 될 것입니다. 스스로 부처

넘이라는 것을 알게 되면 다시 무엇이 장애되는 것이 있겠습니까. 지혜의 눈으로 시방세계를 두루 살피고 생사와 열반이 본래 없는 경지에 들어가십시오.

○○○영가시여! 오늘 이렇게 귀중한 법회식과 재공양을 두루두루 시방삼세의 영가들과 무주고혼들에게도 베푸시고 부디 왕생극락하십시오.

이제 영가 법문이 끝나고 나면 비로소 재를 올리게 됩니다. 이때도 바로 재를 올리기 전에 사전에 재주齋主[22]에게 권하여 재문齋文을 써 가지고 오라고 해서 영단[23]을 향하여 재문을 읽도록 하면 좋습니다. 물론 재주가 원하지 않으면 할 수 없지만 재주가 좋은 문장으로 간절한 마음을 담아 재문을 낭송하게 하면 재의식이 더욱 의미 있게 이루어질 것입니다.

*여기서 참고 사항으로 영단을 향하여 재를 올릴

---

22 재를 올리는 재자들의 대표, 가령 영가의 상주 등을 재주라고 보면 됩니다
23 영가의 위패나 사진을 모시고 음식을 차려 놓은 곳입니다

때 처음 절에 왔거나 재를 올려본 경험이 없는 사람들 같은 경우 법주 스님이나 바라제 스님이 안내를 잘 해주어야 합니다. 가령 상부에서부터 참석한 대중들이 절차와 차례에 따라 절을 하도록 하고 노자돈을 놓게 하는 것이며, 밥그릇에 수저를 꽂는 것과 다시 물에 밥을 마는 것 등을 일일이 안내해 주는 것이 좋습니다. 이 때 지나치게 까다로운 절차를 따질 필요는 없고 자연스러우면서도 정성스럽게 하는 것이 중요합니다. 유교에서는 초헌이며 아헌을 따져 잔을 올리고 절을 하지만 사십구재에서는 그런 것을 지나치게 따질 것이 없습니다. 다만 절하는 순서는 상주들을 중심으로 하면 무난합니다.

영단을 향하여 올리는 이 재齋 의식에도 여러 가지 화려하고 복잡한 것이 많이 있기도 합니다. 가령 바라춤을 춘다든지 회심곡을 한다든지. 이런 것을 하면 좋은 점도 있지만 많이 번거롭고 또 경비도 많이 소요됩니다. 그러니 그냥 관음시식觀音施食을 여법如法

하게 하면 무난합니다. 그 의식을 더욱 장엄하게 하고 재의 공덕을 높게 하고 싶으면 『금강경』을 독송하는 정도면 좋을 것입니다. 대중 스님들이 많이 사는 절에서는 이 『금강경』을 독송할 때 대중이 모두 같이 동참해서 합송合誦을 하지요. 매우 장엄합니다. 하지만 『금강경』을 반드시 독송해야 하는 것도 아닙니다. 다른 경전 이를테면 『미라삼부경』이나 『지장경』을 독송해도 되고, 기타 좋아 하는 경전이 있으면 하고 또 돌아가신 영가가 좋아하던 경전이 있었으면 그 경전을 해도 됩니다. 그리고 또 경전을 독송 할 때도 전체를 다 해야 하는 것도 아닙니다. 어떤 특정 구절만 해도 되고, 경전 내용을 반이나 삼분의 일 정도만 해도 무난합니다.

이 밖에 사십구재를 지내는 의식 가운데 매우 화려하고 장엄하게 하기 위해서 하는 의식으로 영산재靈山齋를 올리기도 합니다. 이 영산재靈山齋는 여러 가지 법회에 두루 사용하는 의식입니다. 그러나 규모가 크고 의식 절차가 복잡하고 어려워서 보통 일반 법회에서는 실행하기가 힘들기도 합니다. 보통 사십구재를 지낼 때는 잘 안하지만, 그러나 크고 장엄하게 하는 특별한 사십구재에는 이 영산재를 합니다. 피리를 불고 앵금을 울리며, 바라춤과 승무를 추고 요령과 목탁, 북 등의 법구法具 외에도 여러 가지 악기가 두루 사용되기도 합니다. 원래 관음시식觀音施食 등도 넓은 의미에서는 영산재 안에 들어있지만, 식단작법食壇作法 등의 여러 가지 의식이 많이 행해지기도 합니다. 그 내용을 살펴보면 이름이 말해 주는 것과 같이 『법화경法華經』의 사상을 기본으로 한 것입니다. 부처님 당시 『법화경』을 설하신 곳이 영축산靈鷲山이고, 그 영축산의 법회를 영산회상靈山會上이라고 합니다. 그 영산회상을 재현하고 찬탄하는 것이 영산재입니다. 『법화경』을 설하는 부처님의 영산회상에서처럼 수많은 스님들을 모시고 공양을 올리는 공덕을 베푸는 것이 중요 내용입니다.

이 같은 영산재는 옛날 고려시대 때부터 전해져 오는 것으로서 그 문화적 가치가 매우 높아 현재 무형

문화재 제50호로 지정되어 있습니다. 일 년에 한번 서대문 봉원동에 있는 봉원사에서 5월5일 재현을 합니다. 관심 있는 불자들은 한번 직접 가서 보는 것도 좋습니다. 근자에는 조계사에서도 실현을 한 일이 있습니다. 한마디로 불교 예술을 종합적으로 보여 주는 행사입니다. 아마 고려시대 같은 때는 국왕이나 왕비 등의 지체 높은 이가 돌아가시면 국가적인 행사로 이런 영산재를 올렸을 것입니다.

여기서 우리가 놓쳐서는 안 되는 것이 이러한 큰 의식에 깃들어 있는 정신은 불교의 자비사상을 바탕으로 한다는 것입니다. 시방삼세에 있는 무주고혼은 물론이고 여러 대중들에게 공덕을 회향한다는 의미가 들어 있고, 또 인간은 스스로 공덕을 닦아 스스로 그 복을 받는다는 자작자수自作自修의 사상이 들어 있습니다.

이렇게 영단을 향해서 올리는 사십구재의 재공양

이 끝나면 뒤이어 봉송奉送[24]이 시작됩니다. 영가가 중음中陰[25]에서 부처님의 공덕을 빌어 극락세계로 가게 되었으니, 환송을 하는 의식입니다. 재주가 되는 상주에게 영가의 위패位牌와 사진 등을 들게 하고 상단의 부처님을 향하여 섭니다. 그러면 법주法主 스님은 먼저 부처님께 봉송게奉誦偈를 하고 절을 한 다음 법성게法性偈[26]을 읽으면서 목탁을 치고 법당을 돌고 이어 밖으로 나갑니다. 이때도 법당을 도는 것이 그냥 도는 것이 아니고 법성게의 사상에 따라 해인海印도圖를 그리면서 도는 것입니다. 그리고 소각단에 가서 영가의 위패와 옷가지 등을 태웁니다. 이것으로 모든 재齋의식은 끝나게 됩니다.

아울러 불교에서는 사십구재를 지내면 동시에 탈

---

24 영가를 떠나보내는 것을 말합니다

25 죽은 영가가 다음 생으로 환생하기 전까지의 단계를 이르는 것을 극선, 극악한 사람은 중음을 거치지 않기도 한다. 그리고 공부를 많이 하고 공덕을 많이 닦아 해탈의 경지에 오른 고승이나 불자들도 이 중음을 거치지 않는다. 사십구재의 또 다른 이름으로 중음법사라고 하기도 한다

26 신라 의상義湘 스님이 지은 게송으로 그 내용은 화엄경 사상을 요약하여 담고 있습니다

상脫喪을 합니다. 과거 조선시대의 봉건적인 유습이 많이 남아 있을 때는 부모가 돌아가시면 상주는 삼년상을 치릅니다. 그렇게 되면 의식절차가 번거로워 사람을 피곤하게 합니다. 가령 상주는 삼년 동안 망자를 위하여 상복을 입어야 하고 집안에 상청喪廳[27]을 설치해 놓고 조석으로 상식上食을 올리고, 초하루 보름날이 되면 삭망전朔望奠의 제사를 올립니다. 그리고 일 년이 지나면 소상을 지내고 다시 일 년후에 대상을 지내고 탈상을 하게 되는 것입니다. 이러한 풍속은 지금도 일부에서는 실행하고 있는 사람들이 없지는 않고, 지난 1960년대나 1970년대 까지만 해도 보편적인 것이었습니다. 만약 이런 의식이 지금도 계속해서 전해지고 있다고 생각해 보십시오. 도시의 산업사회에서 살아야 하는 현대인들은 생업에 막대한 지장을 가져올 것입니다. 하지만 불교는 49재를 지내고 나면 바로 탈상이 되는 것이니 얼마나 간편

---

27 빈소殯所라고 하기도 합니다. 망자의 시신이나 위패를 모셔 놓는 곳입니다

합니까. 그런데 근자에 보면 이렇게 간편한 49재조차도 기피를 하는 사람들이 있고, 정성을 드리는 것이 아니라 건성으로 하는 사람들이 더러 있습니다. 만약 바빠서 시간을 내기가 힘들다면 초재에서 육재까지는 생략하더라도 막재인 사십구재는 반드시 해야 합니다. 특히 자기 부모님의 49재는 건성으로 해서는 안 됩니다. 매우 정성을 드려서 해야 합니다. 그것이 적어도 자식으로서 도리입니다. 극히 일부의 사람들이겠지만 장례를 치루고 조의금 들어온 것을 상주들이 분배하면서 서로 험한 욕설이 오고 가며 싸우는 경우도 있다고 합니다. 이런 일이 있어서야 되겠습니까. 조의금은 부모님을 위해서 사용하라고 조문객들이 내 놓은 것이지, 그것으로 축재를 하라고 하는 것이 아닙니다. 그러니 그 돈의 일부는 사십구재를 지내는데 사용하는 것이 합당할 것입니다.

49재를 지내고 탈상을 하는 것은 이미 영가가 천도를 받아 극락왕생을 했거나 아니면 다른 생을 받아 환생처로 갔다고 보기 때문입니다. 일단 중음에서 사십구재를 통하여 천도를 받았다고 보는 것입니다.

　사십구재의 기본 정신은 영가를 천도하여 부처님의 나라로 인도하고 나아가 무명無明을 벗고 해탈解脫하도록 하는 것입니다. 그런 만큼 처음부터 끝까지 가장 중요한 것은 정성을 다하는 것입니다. 재공양물齋供養物을 많이 차리고 싶은 것은 영가를 위하는 마음에서 누구나 바라는 것입니다. 하지만 그것보다 중요한 것이 지극한 마음으로 정성을 다하는 것입니다. 특히 부모님의 천도재는 재를 올리는 자식의 정성이 부모님의 영가에게 전달되어 감동을 받도록 해야 합니다.

　만약 어떤 사람이 형편이 넉넉한데도 불구하고 돈이 아까운 생각을 내어 재를 초라하게 지낸다면 정성이 부족한 것이 되겠지만, 형편이 어려운 사람이 자기 분수에 넘치게 재를 크게 지낸다면 그것도 결코 영가가 좋아하는 재가 아닐 것입니다. 그러니 재를 올릴 때는 자기 분수와 형편에 맞추어 정성을 다하는 것이 중요합니다.

사찰에 따라서는 사십구재를 올리기 위해서는 기본적으로 돈이 얼마 정도 들 것이라는 기준을 정해 놓기도 합니다. 하지만 이런 것은 부득이한 경우고 사실에 있어서는 사십구재뿐만 아니라 다른 불공 같은 것에도 금액이 얼마라는 것은 있을 수 없는 것입니다. 다만 사찰에서 사십구재에는 어느 정도라는 액수를 정해 놓는 것은 상단과 영단에 가장 기본적인 재물을 차리고 또 그날 재에 참석한 사람들이 공양(식사)을 하기 위해서 밥도 하고 기타 음식을 장만해야 하니까 그런 것을 산술해서 정한 것입니다. 오해 없기를 바라면서 그저 자기 살림의 형편에 맞게 하는 것이 가장 좋은 것입니다. 아니 할 말로 아주 가난한 사람은 냉수만 떠 놓고 재를 올려도 되는 것입니다. 보다 중요한 것은 앞서 간 영가를 위하여 뒤에 남은 사람이 얼마나 정성을 다하느냐 하는 것입니다. 그것이 영가를 위해서도 그렇고 재를 올리는 자기 자신을 위해서도 좋은 것입니다. 평소 살아 계실 때 못다 한 효도를 사십구재를 통해 정성을 다하여 잘 올림으로 해서 부모님의 영가가 천도를 받아 악업의 굴레를 벗어난다면 그보다 더 큰 효도가 어디 있겠습니까.

내가 경기도 성남의 어느 작은 절에 있을 때의 이야기입니다. 절에 다니는 노 보살님 한 분이 있었습니다. 아들이 사회적으로 상당히 높은 직위에 있었지만, 며느리와 뜻이 맞지 않아 살던 집에서 나와 변두리 무허가 건물에서 완구공장을 하면서 살았습니다.

그러다가 병이 들어 돌아가셨습니다. 돌아가시기 전에 나에게 돈을 몇 백만 원 맡겨 놓으면서 죽고 난 뒤에 그 돈으로 사십구재나 지내 달라는 것입니다. 아들이 욕심이 많고 불효한 놈이니 필시 사십구재도 안 지내 줄 것이고 또한 지내 준다고 해도 불효한 놈이 지내 주는 사십구재는 싫고 스님이 지내주시되, 내가 평소에 냉면을 좋아했으니, 냉면이나 한 그릇 올려놓고 사람들도 아무도 청하지 말고 스님이 『금강경』이나 한 편 읽어 주십시오. 하는 것입니다. 그래서 내가 아니 냉면 한 그릇에 『금강경』 한편 읽어 주는 사십구재 비용 치고는 너무 많지 않습니까 하니까, 그러면 남은 돈은 스님이 마음대로 쓰고 싶은 곳이 있으면 쓰도록 하십시오. 전적으로 스님에게 위임합니다, 하는 것입니다.

그렇게 하고 그 노 보살님이 돌아가셨습니다. 그러자 그때서야 아들이 와서 병원 영안실로 시신을 모시고 가서 장례를 치렀습니다. 그리고 과연 그 아들이 사십구재에 대해서는 가타부타 말이 없는 것입니다. 그래서 사십구재가 돌아오자 아들에게 전화를 해서 당신 어머니가 나에게 돈을 주고 사십구재를 지내 달라고 했다. 그러니 재주인 당신과 가족들이 와야 하지 않겠느냐며 오라고 했습니다. 그리고 같이 일하던 공장 사람들도 오라고 했습니다. 과연 사십구재 날 사람들이 많이 왔습니다. 물론 그 아들과 가족들 일가진척들도 왔습니다.

나는 그 노 보살님이 말씀하신 대로 영단에 냉면 한 그릇만 올렸습니다. 그리고 염불도 일체 생략을 하고 미리 쓴 추모사를 읽고 『금강경』 한 편만 독송

했습니다. 추모사를 읽을 때는 이미 참석한 사람들이 모두 눈물을 흘리며 울었습니다. 그리고 재가 끝난 뒤에는 참석한 사람들에게 냉면 한 그릇씩을 대접 했습니다. 그리고 나는 사십구재라고 하는 것에서부터 불교의 생사관에 대하여 설명하고 이어서 노 보살님이 하신 말씀도 했습니다. 그러면서 오늘 여러분이 잡수신 냉면은 내가 그냥 대접하는 것으로 하고 노 보살님이 내게 맡겨 놓은 돈은 다시 아드님에게 드리겠다. 내가 이렇게 하는 것은 다른 뜻은 없고 오직 노 보살님이 평소에 좋은 일을 많이 했기 때문에 내가 평소에 감동을 많이 받았다. 그래서 그 보답으로 사십구재를 지내주는 것이다. 다른 재물은 안 차리고 냉면만 올리는 것은 노 보살님이 원하는 것이었습니다. 그렇게 알아주시고, 그리고 아드님은 이 돈을 받아서 노 보살님에게 아들로서 효도하는 이미로 좋은 일에 써날라고 했습니다.

　며칠 뒤에 그 아드님 되는 분이 전화를 했습니다. 스님께 크게 감동을 받았고, 우리 어머니를 위해서 그렇게 의미가 깊은 좋은 재를 올려 주어서 말할 수 없이 고맙다는 인사와 함께 그 동안 어머니에게 잘못한 불효를 크게 뉘우쳤다고 했습니다. 그리고 스님이 주신 그 돈은 몇 군데의 양로원과 경로당에 겨울 연탄도 사 드리고 보시를 했습니다. 그리고 해마다 어머니 기일이 되면 어머니를 위해서 그 만큼의 돈을 역시 양로원과 경로당에 위문하는 경비로 쓰기로 가족회의에서 결정했다고 했습니다.

그 동안 많은 사십구재를 지냈지만 가장 기억에 남는 사십구재입니다.

사십구재 의식

재를 지내면 어떤 공덕功德이 있는가

'작은 모래알이라도 물에 가라앉지만,
큰 바윗돌이라도 배 위에 실으면 능히
물 위에 뜰 수 있듯이, 사람의 죄업도
비록 작은 것이라도 그 악보를 받게 되지만,
아무리 큰 죄업이라도 부처님의 공덕을 빌리면
능히 제도를 받을 수 있다.'

경에 말씀하시길 '작은 모래알이라도 물에 가라앉지만 큰 바윗돌이라도 배위에 실으면 능히 물위에 뜰 수 있듯이, 사람의 죄업도 비록 작은 것이라도 그 악보를 받게 되지만, 아무리 큰 죄업이라도 부처님의 공덕을 빌리면 능히 제도를 받을 수가 있다'라고 했습니다.

우리가 먼저 간 영가를 위하여 재를 올리는 것은 바로 배에 큰 바윗돌을 실어 물위에 띄우는 이치와 같이 영가의 죄업이 비록 무겁고 크다고 하더라도 부처님의 공덕을 입어 제도를 받고자 하는 것입니다. 부처님의 나라인 저쪽 언덕彼岸에 이르기 위해서는 누구나 부처님의 공덕이라는 배를 의지해야 한다는 것입니다.

실재로 예수재나 영산재를 지낼 때는 부처님의 공덕을 상징하는 반야般若 용선龍船을 만들어 영가의 위패를 싣고 극락세계로 이운되는 것을 재연하기도 합니다. 그것이 모두 부처님의 공덕을 빌려 영가의 무거운 죄업을 싣고 가는 것을 의미하는 것입니다.

우리가 인생을 살아간다고 하는 것은 그 자체가 바로 업業을 짓는 것입니다. 물론 업에는 악업惡業도 있고 또 선업善業도 있습니다. 하지만 비록 우리가 생각할 때는 선업이라고 하는 것도 부처님의 깨달음의 경지에서 볼 때는 결국 무명을 증장시키고 고해의 사바세계에 묶어 두는 사슬과 같은 것일 뿐입니다. 물론 선업 중에는 수행 공덕을 쌓는 업으로서 무명을 벗어나게 하는 것도 있습니다. 그러나 그것은 선업이라고 하기보다는 업 가운데서 출세간의 업으로서 해탈업解脫業이라고 하는 것입니다. 선업과는 차원이 다르다고 해야 할 것입니다.

그래서 부처님의 가르침을 살펴보면, 선업善業 중생衆生이 비록 복福을 많이 지어 천상天上의 나라에 태어나더라도 지은 복이 다하면 결국 다시 사바세계로 떨어진다고 했습니다. 그것을 복진타락福盡墮落이라고 하는 것입니다. 따라서 영가가 비록 살아 생전에 많은 복을 지었다고 하더라도 그것, 즉 복만 가지고는 부처님의 나라(정토淨土)에 가거나 해탈을 이루지는 못한다고 했습니다. 살아서 평소에 불도佛道 수행을 많이 하여 해탈업을 지은 것이 있어야 하는 것입니다. 그런데 그렇지를 못한 사람을 위하여 부처님의 자비를 베푸신 것이 바로 부처님 공덕의 배를 타는 것입니다. 영가가 비록 살아 생전에 많은 악업을 지었더라도 부처님의 공덕을 의지하여 가피를 입으면 부처님의 나라에 갈 수 있기 때문입니다. 특히 영가가 앞도 막막하고 뒤도 막막한 지경에 이르러 스님들이 요령을 흔들고 목탁을 치면서 재공양을 올리며 읽는 경전이나 좋은 게송을 귀담아 듣고 홀연히 한 생각 깨달음을 이루면 바로 해탈을 한다고 했습니다. 더 이상 악업이니 선업이니 하는 업보의 힘에 끌려가지 않고 자유 자재한 해탈을 얻는 것입니다.

그런데 우리가 여기서 이런 생각을 할 수 있을 것입니다. 스님들의 염불 소리를 듣고 깨달음을 이룰 수가 있다면 왜 영가가 살아 생전에 그렇게 좋은 부처님의 경전을 읽고 듣고 또 스님들의 법문도 들었을 것인데 그때는 왜 한 생각 깨달음을 이루지 못했

미황사 생전예수제

는가, 하는 것입니다. 그리고 더 하여 살아서 듣고도 이루지 못한 깨달음을 죽어서 과연 스님의 염불 소리 한번 듣는다고 깨달음을 이룰 것인가, 하는 것입니다. 더구나 스님들의 염불은 살아 있는 사람이 들어도 어떤 내용인지 이해를 못하겠는데 어떻게 영가가 그렇게 공덕을 입고 감동을 받아 깨달음을 얻겠는가, 하는 것입니다. 이 같은 의문은 너무나 당연할 것입니다.

그러나 놀랍게도 재를 지낼 때 염불 소리를 들으면 영가가 깨달음을 이룹니다. 물론 모든 영가가 다 깨달음을 이루는 것은 아닐 수도 있습니다. 하지만 깨달음을 이루지는 못해도 반드시 부처님의 공덕을 입는 것은 분명합니다. 그 이유는 이렇습니다. 여기 어떤 사람이 병이 났다고 합시다. 의사가 약을 지어 주면 반드시 그 환자는 그 약을 먹습니다. 평소 건강할 때는 의사를 비웃고 얕잡아 보던 사람도 병이 들면 달라지는 것입니다. 병이 깊고 죽을 병에 걸린 환자일수록 더욱 의사가 권하는 약을 신뢰하고 먹습니다. 그리하여 병을 낫게 하려고 할 것입니다. 심한 경우는 사이비 의사의 가짜 약도 믿고 먹는 것이 환자의 마음입니다. 다급한 사람은 속기도 잘 하는 것이지요.

내가 아는 어떤 사람은 지독하게도 담배를 많이 피우는 사람입니다. 하루에 두 갑 이상을 피우는데 옆에서 담배를 끊어야 한다고 하면 웃으면서 자기는 특수 체질이라서 아무 걱정이 없다고 했습니다. 그러더니 건강이 급격히 나빠져서 병원에 가서 건강진단을 받았습니다. 의사가 진단 결과를 설명하면서 혈관이 많이 좁아져서 위험하니 담배를 당장 끊어야 한다고 했습니다. 그러자 그 날로 담배를 끊었습니다. 그리고 운동도 열심히 하기 시작했습니다. 지금은 건강이 많이 좋아졌습니다.

영가도 마찬가지입니다. 살아 있을 때는 죽음조차 잊고 살다가 병이 들고 죽게 되면 매우 다급해 하는 것입니다. 평소에 더욱 열심히 부처님의 말씀을 잘 듣고 수행하지 못한 것을 후회도 할 것입니다. 이

럴 때 영가를 위한다고 무당을 불러 굿을 하면 영가
도 그것이 좋은 것인 줄 알고 그렇게 따라갑니다. 환
자가 다급하면 사이비 의사에게 속는 것과 같은 것
이지요. 이렇게 영가는 매우 다급한 처지가 되어 있
습니다. 평소 살아생전에 절에도 열심히 다니고 염
불이나 참선 같은 수행을 좀 열심히 한 사람은 그래
도 다소 정신이 깨어 있기 때문에 침착한 마음을 찾
아서 함부로 속지는 않을 것입니다. 하지만 영 맹탕
인 사람은 이 때 아주 잘 속아 넘어갑니다.

　이럴 때 영가를 위해서 절에서 천도하는 재를 올리
고 여법如法하게 법사 스님이 의식을 집행하면서 좋
은 경전이나 그 경구의 게송을 읽어 주면 그만 마음
에 환희심歡喜心이 일고 마음 문이 열리며 깨달음을
얻게 되는 것입니다. 물에 빠진 사람이 구원해 줄 사
람을 만난 것이나 같은 것입니다. 다급할 때에 부처
님의 정법을 만났으니 얼마나 기쁠 것이며 그 말씀
이 얼마나 마음에 사무치게 깊이 와 닿겠습니까.

　그리고 부처님의 경전은 향을 피우고 독송하면 그

경전 읽는 것을 들으려고 도량의 신장이나 여러 선신들이 모여 들게 됩니다. 우리들의 눈에는 보이지 않지만 그렇게 모여 듭니다. 영가가 한 점 빛도 없는 곳에 있다가 스님이 축원을 하면서 자신의 이름을 부르는 소리를 듣고 이끌리어 오면 캄캄하던 것이 일시에 환하게 밝아지는 것입니다. 본인의 눈이 열리고 귀가 열리는 것은 물론이고 다시 부처님 공덕의 가피까지 입게 되는 것입니다. 그야말로 막막하던 것이 이제는 앞길이 환해지고 가야 할 길이 비로소 보이기 시작하는 것입니다. 이 때 역시 평소에 수행을 쌓아 놓은 것이 있는 사람은 아주 쉽게 한 생각 깨달음을 얻습니다. 이것이 천도재를 올리는 공덕입니다. 여기에 수행력이 고준한 고승이 영가를 위해 법문이라도 해 주게 되면 영가의 마음이 활짝 열리고 업장이 녹아내리어 자꾸 가벼워지는 것입니다. 죄업이 많은 영가는 무거워서 가라앉게 되고 악업이 녹아내리면 가벼워지는 것입니다. 가벼워지면 바로 극락세계로 들어가게 됩니다.

천도薦度재란 무엇인가

사십구재를 위시해서 죽은 영가를 인도하여
극락세계로 가게 하는 것은 모두 천도라고 합니다.
하지만 근자 절에서 보통 천도재라고 하는 것은
죽은 영가를 위해 사십구재 등을
미쳐 올려 주지 못한 영가나, 사십구재를
지내고 난 뒤라고 하더라도 무엇인가 미진하고
아쉬운 부분이 있을 경우나, 아니면 다른 사정이 있어서
별도로 날을 잡아 천도해야 할 필요를 느낄 때
올리는 재를 천도재라고 합니다.

사십구재 외에도 사찰에서는 천도재를 많이 지냅니다. 모두 죽은 영가를 천도하는 의식입니다. 기도를 하고 회향廻向식을 할 때도 조상이나 부모님을 위한 천도재를 지내고, 집안에 오래 전에 비명횡사한 사람이 있으면 그 영가를 위해서 천도재를 올리기도 합니다. 심지어 어디 가서 점을 치고 신수를 봤는데 조상 가운데 재사를 안 지내준 귀신이 있어서 집안에 우환이 생긴다고 했다면서 천도재를 올리기도 합니다. 또는 시름시름 병을 앓는 사람들이 조상 천도를 하고 병이 나았다고 하는 사람들도 있습니다. 이렇게 천도재를 올리는 사연도 다양하고 내용도 다양합니다.

또 근래에는 수자천도재水子薦度齋를 봉행하는 사찰도 많이 있습니다. 수자水子란 임신한 아이를 낙태했을 경우 생명으로 태어나지 못하고 낙태로 죽어간 미생아未生兒를 이르는 말입니다.

그 미생아는 세상 빛을 보지도 못하고 죽어 버린 영혼입니다. 임산부의 입장에서는 어떤 부득이한 사

정이 있어서 어쩔 수 없이 낙태를 하기는 했지만 자신의 몸 안에 잉태했던 생명을 죽였다는 생각에 죄책감이 없지 않을 것입니다. 그래서 기회가 있다면 그 불쌍한 영혼을 천도해 보고 싶기도 할 것입니다. 그것이 수자천도재입니다. 옛날에는 인위적으로 낙태를 하는 경우가 드물기 때문에 이런 천도재薦度齋의 필요를 별로 못 느꼈을 것입니다. 하지만 요즘은 의학의 발달과 함께 무한정으로 늘어나는 인구를 막기

위해 어쩔 수 없이 산아제한産兒制限을 할 수밖에 없는 시대입니다. 따라서 원하지 않는 임신을 했을 경우 어쩔 수 없이 의사의 도움을 받아 낙태를 하는 경우가 많이 늘어나고 있습니다. 그래서 사찰에서도 수자천도재를 하게 되는 것입니다. 현대 문화가 만들어낸 천도재라고 할 수 있습니다.

이러한 천도재는 사십구재를 위시해서 죽은 영가를 인도하여 극락세계로 가게 하는 것은 모두 천도라고 합니다. 하지만 근자 절에서 보통 천도재라고 하는 것은 죽은 영가를 위해 사십구재 등을 미쳐 올려 주지 못한 영가나, 사십구재를 지내고 난 뒤라 하더라도 무엇인가 미진하고 아쉬운 부분이 있을 경우나, 아니면 다른 사정이 있어서 별도로 날을 잡아 천도해야 할 필요를 느낄 때 올리는 재를 모두 천도재라고 합니다.

예를 들자면 여기 젊은 나이에 교통사고로 갑자기 죽은 사람이 있다고 합시다. 그 죽은 영가는 죽음에 대한 준비가 없이 갑자기 죽었습니다. 특히 앞으로 살아야 할 날들이 더 많은 젊은 사람일 경우 나이가 많아 죽을 날을 기다리다가 죽은 사람과는 또 다를 것입니다. 삶에 대한 애착이 더욱 많을 것이기 때문입니다. 특히 젊고 활기가 넘치던 자기 몸뚱이에 대한 애착이 남다를 것입니다. 심한 경우 갑자기 죽은 영가 가운데는 자신이 죽었다는 사실을 인식하지 못하는 경우도 있고, 인정하지 않으려고도 합니다. 그러면서 심한 고통을 안고 중음으로 무주고혼이 되어 떠돌아다닙니다.

비유하자면 금방 시장에서 비싼 돈을 주고 산 물건을 한 번도 사용해 보지도 못하고 깨뜨렸다고 생각해 보십시오. 얼마나 그 물건에 대하여 아까운 생각을 내겠습니까. 반대로 오랫동안 사용하여 이제 버릴 때가 되었다고 생각했던 물건이 망가져 못쓰게 되었다고 생각해 보십시오. 물건의 주인은 별로 아까운 생각을 내지 않을 것입니다. 오히려 버리려고 했었는데 마침 잘 되었다고 생각하고 그냥 쓰레기통에 버릴 것입니다.

사람의 목숨도 마찬가지입니다. 하나도 다를 것이 없습니다. 나이 많은 사람들도 죽는 것은 싫어하고 더 오래 살고 싶기는 하겠지만 그래도 이제 죽을 때가 되었다는 생각을 하고 죽음에 대한 준비를 합니다. 그러다가 죽게 되면 자기 육신에 대한 애착을 금방 버리게 됩니다. 이미 늙어 병든 자기 몸뚱이에 대하여 별로 미련이 없는 것입니다. 할 수만 있다면 늙고 병든 몸을 싱싱하고 활기 넘치는 젊은 몸뚱이로 바꾸고 싶을 것입니다. 그래서 살아 있을 때 다소 생에 대한 애착이 강하게 있었다고 하더라도 일단 죽으면 미련 없이 자기 갈 곳으로 갈 것입니다. 오히려 늙고 병든 몸을 버리게 된 것을 홀가분하게 생각할 것입니다. 이런 영가는 쉽게 천도가 됩니다. 그야말로 단 한 번의 재를 올리는 것으로 천도가 되는 것입니다. 하지만 앞에서 이야기한 것 같이 젊은 사람이 교통사고 같은 예기치 못한 사고로 죽게 되면 억울한 생각 때문에 자기 갈 곳을 찾아가지 못하고 허공을 떠도는 무주고혼無主孤魂의 중음이 되어 있는 것입니다. 이런 영가는 쉽게 천도가 안 됩니다. 마음에 억울하다는 생각이 강하게 남아 있기 때문입니다.

　이런 영가를 위해서 지내 주는 재가 바로 천도재라고 생각하시면 됩니다. 누구나 집안에 그런 억울한 영가가 있다고 생각되시는 분들은 한번쯤 천도재를 올리는 것이 좋습니다. 간혹 어떤 사람들은 이렇게 억울하게 죽은 집안의 영가가 꿈에 보인다고 말하는 분들도 있습니다. 이런 분들을 위해서 지내는 것이 천도재입니다. 정성을 다하여 여법하게 천도재를 올리면 영가도 비로소 마음에 감응感應하게 됩니다. 한번 감응하게 되면 바로 불보살의 가피로 길이 환해지는 것입니다.

영산재

죽음이란 무엇인가

태어나면 반드시 죽음이 있는 것입니다.
살아 있는 자는 반드시 죽을 수밖에 없듯이
죽은 자는 또 어떤 경우라고 하더라도
살아날 수 없는 것입니다.

오늘날 우리가 사는 이 시대는 과학이 발달하여 달나라를 가고 오는 때입니다. 생명체의 유전인자를 이용하여 여러 가지 변형된 종을 만들기도 하고 또 체세포 하나로 복제된 생명체도 생산해 낼 수 있게 되었습니다. 다시 말해서 생명체의 창조를 인간이 할 수 있는 경지에까지 과학이 발달했다는 것입니다. 여기에 머물지 않고 앞으로도 과학은 무한히 발전해 나갈 것입니다. 그 끝이 어디까지인지를 아무도 알지 못합니다.

하지만 그렇더라도 인간, 살아 있는 인간에게 있어서 영원히 풀리지 않는 것은 죽음이란 문제입니다. 아무리 과학이 발달해도 인간이 영원히 죽지 않고 살 수 있도록 할 수는 없을 것입니다. 그리고 또 죽은 사람을 살릴 수는 없을 것입니다.

그렇습니다. 죽음은 인간에게 영원한 숙제입니다. 누구도 죽음을 면할 수 없는 것입니다.

태어나면서 반드시 죽음이 있는 것입니다. 살아 있는 자는 반드시 죽을 수밖에 없듯이 죽은 자는 또 어떤 경우라도 살아 날 수 없는 것입니다. 혹은 죽었다가 살아난 사람의 이야기도 있고, 심한 경우는 죽어서 며칠이 지난 뒤에 살아난 이야기도 있습니다. 이들의 사후 경험에 대하여도 여러 가지 이야기가 있습니다. 하지만 이런 경우라도 그것은 유사類似 죽음일 뿐이지 진짜 죽었던 것은 아니라고 할 수 있습니다. 죽음에 대한 가장 올바른 해석은 다시 살아 날 수 없다는 것입니다. 다시 살아난 죽음은 이미 죽음이라고 할 수 없는 것입니다.

다시 살아 날 수 없는 것이 죽음이고, 현재 살아있는 사람은 누구나 다 죽을 수밖에 없는 필연을 가지고 있기 때문에 살아 있는 사람은 아무도 죽음을 경험해 보지 못한다는 것입니다. 죽음을 경험해 본 사람이 없다는 것은 한마디로 죽음의 세계를 객관적인 입장에서 증명해 보일 수 없다는 말이기도 합니다. 오늘날의 발달한 과학으로도 죽음의 세계는 객관적으로 증명해 보일 수가 없는 것입니다.

그래서 죽음의 세계는 과학적인 방법으로도 풀 수

있는 것이 아닙니다. 이렇게 과학으로 풀 수 없는 문제 앞에 종교가 자리 잡고 있는 것입니다.

어떤 종류의 종교든지 죽음의 세계, 다시 말해서 죽은 다음의 세계에 대하여 나름으로 해답을 제시하고 있습니다. 그것의 가장 보편적인 것이 살아서 착한 일을 많이 한 사람, 자신들의 종교에 신앙심이 깊은 사람은 죽은 후에 구원을 받고 천당에 가고, 나머지 반대의 사람들은 저주를 받고 지옥에 간다는 것입니다. 그러나 안타까운 것은 앞에서도 이미 말했지만 살아 있는 사람으로서 아무도 죽음에 대하여 경험한 사람이 없다는 것입니다. 그러고 보니 그들의 종교를 믿고 따랐다고 해서 지옥을 갔는지 천당을 갔는지 객관적이고 타당성이 있는 증명을 해 보일 수 있는 방법이 없습니다. 생각해 보십시오. 천당가고 지옥 가는 것이 말짱 거짓말이라고 한다면, 그깟보다 디 억울한 것이 어디 있겠습니까. 일생 동안절대적인 것으로 믿고 따른 진리가 실제 죽음이라는일에 부닥쳐 보니 그것이 거짓이었다면 누구에게 하

소연하며 어디 가서 다시 되 물릴 수도 없고 자기만 억울하게 되는 것입니다.

이런 것은 한마디로 우는 아이를 임시방편으로 달래기 위한 것에 불과한 사람 속이는 것입니다. 울음을 그치게 하는 것에는 효과가 다소 있을 수 있지만 거짓말에 속고 사는 것이 되고 마는 것입니다. 그렇다면 무엇이 진리입니까? 적어도 진리를 추구하는 사람은 이런 얄팍한 속임수에 넘어가서는 안 됩니다. 차라리 죽음에 대해서 모르면 모르는 대로 있는 것이 나을지 모른다고 깊이 생각해 보지도 않고 따라가는 것은 깜깜한 밤에 멋모르고 따라가다가 길을 인도하는 사람이나 따라가는 사람이 같이 벼랑으로 추락하는 것과 같은 것입니다.

진리라고 하는 것은 그것이 진리가 되기 위해서는 보편성과 합리성을 가지고 있어야 합니다. 그래서 죽음이라고 하는 것이나 죽음의 세계에 대해서도 보편적이고 합리적인 방법으로 접근을 해야 합니다. 그럼 무엇이 죽음의 세계인지 한번 생각해 보도록 합시다.

죽음이란 본래 없는 것이다

죽음이라고 하는 현상은 몸뚱이가 있다가
없어지는 것을 두고 하는 말에 불과합니다.
본래 몸뚱이란 마음이 입고 다니는
옷에 불과한 것이며, 타고 다니는 자동차에
불과한 것입니다.

앞에서도 이미 말했지만 다시 한 번 살펴봅시다. 불교는 기존하는 다른 종교나 사상과는 죽음을 보는 시각이 판이하게 다릅니다. 다른 모든 사상이나 철학 내지는 종교들이 죽음을 일단 인정하고, 그 이후의 일을 말하는 것입니다. 그러다보니 모두가 거짓말이 되는 것입니다. 왜? 아무도 죽음을 경험해 보지 못했기 때문입니다. 죽음에 대해 경험해 보지도 못했고, 확실하게 알지도 못하면서 죽으면 천당에 간다고 한다거나 지옥에 간다고 하는 것은 모두 거짓말입니다.

공자는 누가 죽음에 대하여 묻는 말에 '삶도 다 알지 못하는데 어떻게 죽음을 알겠는가'라고 말했다고 합니다. 차라리 이렇게 알지 못한다고 말하는 것은 솔직해서 좋습니다. 최소한 거짓말은 안한 것이니까요. 천당이 있는지, 지옥이 있는지는 살아 있는 사람은 아무도 알지 못합니다. 이렇게 아무도 알지 못하기 때문에 그 거짓말이 통하는 것입니다. 말하는 사람이나 그 말을 듣는 사람이 모두 알지도 못하고 어떻게 확인도 할 수 없으니까 그렇게 억지로 믿는 것이 지옥이고 천당입니다. 이 세상에 모든 거짓말은 결국 탄로가 나게 되어 있습니다. 하지만 탄로 나지 않는 거짓말이 있습니다. 그것이 죽으면 천당 가고 지옥 간다는 말입니다. 그것이 거짓말인지 참말인지 아무도 증명해 보일 수가 없기 때문입니다. 그래서 마음 놓고 거짓말을 합니다. 하지만 조금만 깊이 생각해 보십시오. 여기서 분명한 사실은 그렇게 천당 가고 지옥 간다고 말하는 그 사람도 죽어 보지 않았다는 사실입니다. 따라서 죽어 보지 않았기 때문에 죽으면 천당엘 가는지 지옥엘 가는지 알지 못한다는 것입니다. 이렇게 객관적으로 반증을 해 보면 그 사람이 거짓말을 하고 있다는 것은 분명합니다. 아무리 입에 침을 튀기면서 확신에 찬 목소리로 말하지만 거짓말입니다.

이렇게 죽음의 세계에 대해 말하는 것은 거짓말이라는 것이 증명 되었다고 보고. 그렇다면 다시 죽음은 무엇이고, 죽은 다음에 어떻게 되는 것일까요. 우리는 누구나 결국은 죽을 수밖에 없고 또 우리의 사랑하는 사람들을 이미 죽음으로 떠나보낸 경험이 있습니다. 그래서 이 어려운 문제를 생각하지 않으려고 해도 안할 수가 없는 것입니다. 그럼 죽음은 무엇일까요. 그 해답은 의외로 간단합니다. 죽음은 없다는 것입니다. 그것이 불교적 해답입니다. 죽음이 있다고 하고 문제를 풀려고 하니까 어렵고 복잡한 것이지 없다고 하면 문제를 풀 필요 자체가 없게 되는 것입니다. 왜냐하면 죽음이란 없기 때문입니다.

'죽음이란 없다.' 그래서 여기서는 그럼 왜 죽음이란 없는가를 생각해 보기로 하겠습니다. 사실 죽음이란 조금만 생각을 깊이 하면 그 실체가 없는 것이란 것을 누구나 쉽게 알게 됩니다. 왜 죽음이란 없는 것인가? 우리의 마음이라고 하는 것, 불성이라고 하는 것, 영혼이라고 하는 것, 생명의 근원이라고 하는 것, 그 이름은 각기 달라도 다 똑같은 말인데, 이것은 만들어졌거나 어떻게 해서 생겨진 것이 아니기 때문입니다. 그래서 불생불멸不生不滅이라고 하는 것입니다. 다만 우리 앞에 나타나고 있는 죽음이라고 하는 현상은 몸뚱이가 있다가 없어지는 것을 두고 하는 말에 불과합니다. 본래 몸뚱이란 마음이 입고 다니는 옷에 불과한 것이며, 타고 다니는 자동차에 불과한 것입니다. 옷이나 자동차는 오래되면 낡고 고물이 됩니다. 그러면 버리는 것입니다. 특히 자동차는 운전사가 운전을 해야 굴러가는 것입니다.

사람의 몸뚱이도 마찬가지입니다. 이 몸뚱이를 운전하고 다니는 것이 있습니다. 그것이 바로 우리의 진짜 생명이며, 그것을 불성이라고 하기도 하고 마음이라고 하기도 하는 것입니다. 자동차가 고물이 되어 폐차를 시켜도 운전사는 또 다른 새 자동차를 몰고 다니듯이 사람의 몸뚱이도 늙어 고물이 되면 버리지만 그 마음은 여여如如하여 불변하는 것입니다.

조선시대를 대표하는 최고의 고승 서산 스님이 지은 『신가귀삼』 첫 구절에 이런 글이 나옵니다.

"여기 한 물건이 있는데, 본래부터 한없이 밝고 신령하여 일찍이 나지도 않았고, 죽지도 않았다. 이름 지을 수도 없고 모양을 그릴 수도 없다. 한 물건이란 무엇인가?

옛 어른들은 이렇게 노래했다.

한 부처 나기도 전에
의젓하게 둥글고 원만하여
석가도 알지 못한 것을
가섭이 어찌 전하겠느냐

이것이 한 물건의 나지도 않고 죽지도 않으며, 이름 지을 수도 모양 그릴 수도 없다는 이유다."

*참고로 '석가도 알지 못한 것을 가섭이 어찌 전하겠느냐'하는 것은 잘못 오해 하면 안 됩니다. 한 물건이라는 것은 만들어진 근원이 없고 또 없어지는 시기가 없기 때문에 나고 없어지는 것을 알 수 있는 것이 아니라는 그런 뜻입니다. 그렇기 때문에 그것은 석가부처님도 알 수 없는 것이지요. 토끼는 원래

뿔이 없는 것인데, 부처님인들 토끼 뿔에 대하여 알수 있겠습니까. 그런 차원의 알지 못한 것이고 전하지 못한다고 하는 것입니다.

또 이런 비유는 어떨까요. 하늘에는 태양이 빛나고 있습니다. 아침에 동쪽에서 솟아올라 저녁이면 서쪽으로 넘어갑니다. 그러면 동쪽에서 태양이 솟을 때 없던 태양이 새로 생겼다고 하고, 서쪽으로 기울 때 이제 태양이 아주 없어졌다고 말하지 않을 것입니다. 왜냐하면 서쪽으로 태양이 넘어가서 우리 눈에는 보이지 않지만 태양은 저 너머에 그대로 있는 것입니다.

마찬가지로 아침에 찬란하게 태양이 솟아날 때도 태양이 생겨난 것이 아닙니다. 다만 우리 눈에 보였다가 안 보였다가 하는 차이가 있을 뿐입니다. 죽음노 마찬가지로 몸뚱이가 있을 때는 우리 눈에 보이니까 살았다고 하고 몸뚱이가 없어져 보이지 않으면 죽었다고 하는 것입니다.

또 이런 비유는 어떨까요. 여기 서울에 살던 사람이 부산으로 이사를 갔다고 합시다. 그 사람과 같이 서울에 살던 사람들이 더 이상 서울에서 그 사람을 볼 수 없다고 해서 그 사람이 없어졌다고 한다면 되겠습니까. 안되겠지요. 그 사람은 비록 서울에서 없어져서 안 보이지만 부산에 살고 있는 것입니다. 죽음이라고 하는 것도 이처럼 이곳에 있던 사람이 저쪽으로 이사를 간 것과 같은 것입니다.

여기서 우리가 다시 한 번 생각해야 할 것은 영혼이 있어서 그 영혼은 죽지 않는다고 하는 것은 다른 종교에서도 다 같이 하는 말 아니냐 하고 반박을 할 수도 있을 것입니다. 하지만 그렇지 않습니다. 대체로 기독교 같은 종교에서 말하는 영혼이란 육신과 영혼을 이원론적으로 구별하는 사상에서 나온 것으로 이 같은 사상은 생과 사를 이원론적으로 보아야 성립되는 것입니다. 따라서 불교는 생과 사를 이원론적으로 보지 않기 때문에 영혼 불멸론과는 다릅니다. 정확하게 말하자면 불교는 생과 사를 이원론적으로 보지도 않거니와 생명불멸론입니다. 그래서 영혼불멸론과는 다른 개념입니다.

자꾸 이야기가 길어집니다만은 생명의 근원은 죽지 않는다는 것을 바탕으로 과거, 현재, 미래 삼세를 말하고 윤회와 인과를 분명하게 말하는 가르침은 불교밖에 없습니다. 사람들은 어설프게 알면서 하는 말이 윤회론은 불교의 교설이 아니고 인도의 전통 바라문들의 교설에서 불교가 차용해서 사용하는 것으로 말을 합니다. 제법 불교를 많이 공부한 학자들도 그렇게 이야기하는 사람들이 있습니다. 하지만 그것은 잘못 아는 것입니다. 바라문 교설에 윤회설이 없었던 것은 아니지만, 그들이 말하는 윤회설은 연기론이 배제된 윤회설입니다. 그리고 또 일부 어떤 사람들은 윤회설을 못 믿고 부처님이 어리석은 사람들을 교화하기 위해서 방편으로 말씀하셨다고 합니다. 하지만 이것도 크게 잘못 알고 있는 것입니다. 부처님의 방편이란 없는 것을 거짓말로 하는 그런 것이 아닙니다. 어디까지나 사실에 근거해서 깨우침의 방법으로 가는 길을 가르쳐 주시는 것 전부가 방편입니다. 그래서 『법화경』에서는 부처님이 말씀하신 모든 교설이 다 방편이라고 하시는 것입니다.

이렇게 볼 때 생명의 근원은 절대로 죽지 않는 것입니다. 아니 죽으려고 해도 죽을 수가 없는 것입니다. 본래로 불생불멸이기 때문입니다. 다만 윤회를 하는 것입니다. 부처님의 가르침을 믿는 사람은 이것을 분명하게 알아야 합니다.

자, 그러면 여기서 결론을 내 봅시다. 죽음이 있다고 하면 그것은 영원히 죽음의 세계를 증명해 보일 수가 없는 것입니다. 그러나 죽음이 없다고 하는 것을 알게 되면 죽음의 세계도 없는 것이 됩니다. 없는 것이니까 증명해 보일 필요도 없게 되는 것입니다. 다만 이 경우에도 궁금한 것은 있을 것입니다. 앞에서 이야기 한 중음의 세계라든지, 혹은 육신을 버리고 난 뒤의 세계에 대해서 궁금할 것입니다.

그런데 바로 이 윤회를 하는 것을 연구하는 사람들이 있습니다. 여러 분야의 과학을 하는 사람들이 이

것을 연구합니다. 그것을 한 가지로 묶어서 말하자
면 정신과학이라고 할 수 있습니다. 이 정신과학을
연구하는 사람들이 여러 가지의 방법으로 전생 연구
를 합니다. 그 방법을 한두 가지만 소개를 하면, 첫
째는 전생을 기억하고 있는 사람들을 찾아 그 사람
이 기억하고 있는 것이 사실인가를 입증해 보는 것
입니다. 드물게 전생을 기억하고 있는 사람들이 가
끔씩 있기 때문입니다. 옛날에는 이렇게 전생을 기
억하는 사람들의 말을 귀담아 안 듣는다든지 이상한

소리를 하는 정도나 미친 사람 취급을 했겠지만 이런 사람의 말을 듣고 사실 확인을 하는 것입니다. 그렇게 해서 그 사례들을 모아 놓은 것들이 많이 있습니다. 가령 어떤 아이가 태어나서 말을 배우면서 자기는 어느 지방의 누구였다고 전생을 기억하고 말하면 그것을 그냥 아이가 하는 말이라고 듣고 마는 것이 아니라, 그 아이가 이야기한 곳에 찾아가서 확인을 해 보는 것입니다. 그러면 놀랍게도 모두 맞는다는 것입니다. 두 번째로는 최면을 걸어서 전생을 기억하게 하는 것입니다. 최면술이 많이 발전한 지금 전생을 기억하게 하는 최면도 많이 발전해 있습니다. 그렇게 전생을 기억하게 하는 최면으로 기억해 낸 전생이 맞는지, 그것도 실제로 그곳을 찾아가서 확인을 해보면 맞는다는 것입니다. 이 정도까지 발전해 있습니다. 그러니까 생명체는 영원히 죽지 않고 불생불멸한다는 것은 의심 할 수 없는 사실이 된 것입니다.

그런데 분명히 알아 두어야 하는 것은 이렇게 영원

한 생명이 윤회를 할 때 가지고 가는 것이 업보業報라는 것입니다. 대부분의 사람들이 전생을 기억하지는 못하지만 업보는 없어지지 않습니다. 그것은 사람들이 이사를 갈 때 이삿짐을 가져가는 것과 같은 것입니다. 하지만 이삿짐은 가져 갈 수 있는 것과 가져 갈 수 없는 것이 있습니다. 집이라든지 땅 같은 부동산은 가져 갈 수 없습니다. 그러나 다른 살림살이는 모두 가져갑니다. 집 같은 부동산도 그 자체를 가져가지는 못하지만 그 문서는 가져갑니다. 아니면 팔아서 돈으로 가져가든지 통장으로 가져갑니다. 우리가 흔히 공수래공수거空手來空手去라고 하는데 그것은 형상이 있는 것을 못 가져오고 못 가져가는 것을 보고 인생살이의 허망함을 말할 때 하는 것이고, 중생의 무명無明 업보業報에서 보면 이사를 가는 사람이 자기 살림 챙겨 가는 것과 같이 각기 자기의 업을 가지고 가는 것입니다. 그래서 서울에서 부자로 잘 살던 사람은 서울에 살든 집을 놔두고 가는 것 같지만, 부산 가서도 역시 부자로 잘 사는 것입니다. 물론 서울

에서 잘 살다가 쫄딱 망해서 이사를 간 사람은 사정
이 다를 것입니다. 따라서 여기 이승에서 잘 살던 사
람은 저승에 가서도 그 복으로 잘 사는 것입니다. 다
만 여기서 복을 다 까먹은 사람은 역시 사정이 다릅
니다. 복진타락福盡墮落이라고 복을 다 까먹고 지은
복이 없으면 저세상에 가서는 형편없이 살게 되고,
여기서는 가난하게 살았지만 가난한 중에라도 복을
많이 지은 사람은 저 세상에 가서는 복을 누리고 잘
살게 될 것입니다.

누구나 이사를 천만 번 가더라도 자기 재산은 절대
로 안 버리고 가지고 가지 않습니까. 마찬가지로 사
람이 몸을 버리고 저 세상으로 이사를 갈 때도 자기
재산인 업은 못 버립니다. 어디를 가나 가지고 가고
또 따라 다닙니다.

이런 사실을 알고 나면 우리가 인생을 살 때 얼마
나 조심하고 신중하게 살아야 한다는 것을 깨닫게
됩니다. 사람들은 어리석어서 죽음이 있다고 생각하
기 때문에 의지가 약한 사람들은 흔히 어떤 어려운

일에 부닥치면 그만 죽음으로 그 일을 해결하려고
합니다. 그래서 생목숨을 끊는 자살을 하기도 합니
다. 하지만 자살을 해서 저 세상으로 이사를 가더라
도, 이쪽의 현실을 잠시 피한 것밖에 아무것도 아닙
니다. 문제를 해결하는 것에는 전혀 도움이 안 되는
것입니다. 사기를 치고 살인을 한 사람이 자살을 했
다고 그 사기 치고 살인한 업보가 없어지지 않는 것
입니다. 서울 사람이 사기 치고 부산으로 도망갔다

고 그 사기 친 사실이 없어지지 않는 것과 같은 것입니다. 반드시 그 업보는 저 세상까지 가지고 가서 그 과보果報를 받는 것입니다.

현대인들 가운데는 더러 인과因果를 믿지 않으려는 사람들이 있는 것을 볼 수 있는데 이것은 매우 어리석은 것입니다. 평생 절에 한번 안 온 사람이라도 인과를 믿고 선업을 닦은 사람은 다음 생에 좋은 과보를 받을 수가 있고, 절에 열심히 다니고 교회 열심히 다녀도 인과를 믿지 않고 악업을 많이 지은 사람은 그 과보를 반드시 받는 줄을 알아야 합니다. 금생에 몸도 건강하고 부자로 잘 살고 마음도 착하고 머리도 영리하고 하는 일마다 잘 되는 그런 사람이 있습니다. 그 사람은 전생에 지은 복이 있어서 그런 것입니다. 반대로 부모님도 없이 가난하게 태어나고 일평생을 불행의 연속으로 살고 성격도 도무지 용서가 안 되는 고약한 그런 사람이 있습니다. 그것 역시 전생의 업보입니다.

경에 이런 게송이 있습니다.

欲知前生事 今生受者是

欲知來生事 今生作者是

전생 일을 알고자 하는가?
금생에 받는 이것이니라.
내생 일을 알고자 하는가?
금생에 하는 이것이니라.

저승의 유명계幽冥界

명몃이란 유명계를 지칭하는 것인데,
이것은 일단 몸뚱이를 가지고 있던 사람이
몸뚱이를 벗어버린 상태를 이르는 것입니다.

큰 사찰에 가면 명부전冥府殿이 있는 것을 보셨을 것입니다. 다른 이름으로는 지장전地藏殿, 혹은 시왕전十王殿이라고 하기도 합니다. 그것은 이 당우에는 반드시 지장보살을 주불主佛로 모시기 때문에 지장전이라 하고, 이어서 유명계의 심판관이라고 하는 명부, 시왕을 모셨다고 하여 시왕전이라고 하기도 하는 것입니다. 하지만 보통 가장 많이 쓰이는 이름으로는 명부전입니다.

이 법당은 다른 법당과는 다른 특징을 가지고 있습니다. 주로 대웅전을 향하여 볼 때 오른쪽에서 대웅전을 향하여 보도록 세웁니다. 그리고 법당 안에 들어가면 상단에 지장보살을 모셨습니다. 지장보살을 중심으로 좌측에 도명존자道明尊者, 우측으로는 무독귀왕無毒鬼王을 협시俠侍로 모십니다. 그 좌우로 명부시왕을 모셨는데 저 유명한 염라대왕閻羅大王도 시왕 가운데 다섯 번째의 왕입니다. 시왕들 옆에는 각기 시중을 드는 동자상童子像도 10구나 모셔져 있습니다. 그뿐 아니라 지장보살 뒤에는 후불탱화가 걸려 있고, 옆에는 지장보살을 시봉侍奉하는 동자상이 별도로 있으며, 시왕상 뒤에도 각기 시왕의 활동상을 상징적으로 보여주는 탱화가 걸려 있고, 시왕상 끝에는 기치창검을 든 호위 무사도 있습니다. 이렇게 법당 안이 가득하도록 많은 상호가 모셔져 있는 곳이 명부전입니다.

명부전의 지장보살은 대승불교를 대표하는 보살 가운데 한 분입니다. 대원본존大願本尊 지장보살이라고 하는 데서도 알 수 있듯이 중생 구제를 대원력으로 세운 구원의 상징입니다. 『지장보살 본원경地藏菩薩 本願經』에 보면 지장보살님은 '중생이 모두 성불 할 때까지 나는 부처님이 되지 않겠다'라고 하셨습니다. 천상의 세계에서 지옥의 중생까지 육도의 중생을 두루 빠짐없이 제도하시지만, 그 중에서도 특히 지옥 중생을 위해서 지옥의 문전을 지키며 울고 계신다고 합니다. 많은 중생이 지옥地獄의 고통을 받고 악업惡業을 짓는 것을 안타까워하신다는 것이겠지요. 지장 보살의 원력은 너무나 거룩하고 지중해서 아무리 어리석고 미련한 중생이라도 지장보살보다는 먼저 성불을 한다고 합니다. 왜냐하면 지장보살은 제일 마지막에 성불을 한다고 했기 때문입니다. 무엇보다 우리가 어리석어 인과의 지중함을 모르고 이 순간 악업을 짓는다면 바로 지장보살의 눈에 눈물을 흘리게 하는 것입니다. 부디 지장보살님의 눈물을 생각하여 악업을 짓지 말도록 해야 하겠습니다.

여기서 우리들이 살펴보아야 할 것은 명冥이라는 말입니다. 명이란 유명계를 지칭하는 것인데, 한문 글자로 이 冥이라는 글자는 어둡다, 깊숙하다, 그윽하다 등의 뜻이 있는 글자입니다. 유명幽冥이라고 할 때의 幽자도 그윽하다, 멀다, 깊숙하다 등의 뜻이 있는데, 이 두 글자는 비슷한 뜻을 가지고 있습니다. 어둡다고 할 때도 아주 깜깜하게 어두운 것은 아니고, 그윽하게 어두운 것입니다. 그늘이 깊숙하여 컴컴하게 어두운 것입니다. 이러한 유명의 세계는 이것은 일단 몸뚱이를 가지고 있던 사람이 몸뚱이를 벗어버린 상태를 이르는 것입니다. 다시 말해서 살아 있는 사람의 세계를 양陽의 세계라고 한다면 죽은 유명계幽冥界는 음陰의 세계입니다. 살아있는 우리는 밝은 양의 세계고, 죽은 사람의 세계는 어두운 음의 세계라는 뜻입니다.

지금 우리가 살아가는 세계를 불교에서는 색계色界(욕계欲界 색계色界 무색계無色界를 삼계三界라고 하고 그 중의 색계)라고 명칭 합니다. 이 색계에서는 색을 의지하여 활동해야 합니다. 색이란 물질과 형상의 세계를 이르는 말이지요. 그러니 우리가 이 아무개, 김 아무개는 바로 그 사람의 얼굴과 몸뚱이를 가지고 하는 말입니다. 그래서 내가 이 아무개를 볼 때나 김 아무개를 볼 때는 나 역시 몸뚱이라는 색을 의지해야 볼 수 있고 확인 할 수 있습니다.

*잠깐, 여기서 나는 색계라는 개념을 욕계의 상위 개념으로 천상계를 지칭하는 것으로 사용하는 것이 아니라 단지 물질의 세계, 형상이 있는 세계라는 가벼운 의미로 사용하고 있습니다. 오해 없으시기를

바랍니다.

하지만 몸뚱이를 버린 영가는 다릅니다. 색을 의지하고 있지 않기 때문에 색계의 사람들은 볼 수가 없는 것입니다. 왜냐하면 색계에서는 형상이 없는 것은 볼 수 없는 이치 때문입니다. 하지만 반대로 영가의 유명계에 있는 사람은 색계의 사람을 볼 수 있습니다. 그것은 우선 형상이 없는 것에서는 형상 있는 것을 볼 수 있기 때문입니다. 흡사 특수 유리벽을 상상하시면 되겠습니다. 요즘 길거리의 찻집 같은 곳에 가 보면 그런 특수 유리벽을 해 놓은 곳이 많이 있는 것을 보았습니다. 안에서는 밖이 환하게 보이지만 밖에서는 안이 전혀 보이지 않는 유리벽 말입니다. 이런 유리벽이라고 해도 유리벽 안이 밝고 밖이 어두우면 밖에 있는 사람은 안을 볼 수 있지만 안에 있는 사람은 밖을 볼 수 없는 반대의 현상이 일어납니다. 이렇게 한쪽에서 다른 한쪽을 볼 수 없는 것은 서로 밝기가 다르기 때문입니다. 색계의 우리가 유명계를 볼 수 없는 것과 유명계에서 우리를 볼 수 있는 것이 바로 이런 이치 때문입니다. 즉 유명계는 어둡고 양의 세계인 색계는 밝기 때문에 우리는 유명계를 보지 못하지만 유명계에서는 우리가 사는 세계를 잘 볼 수 있다는 것입니다.

이렇게 유명계의 영가는 어두운 곳에 있고, 색계에 살고 있는 우리들은 밝은 곳에 있기 때문에 영가는 우리를 볼 수가 있는 것입니다. 그러니 형체가 있는 세계에서 형체가 없는 세계로 간 영가는 쉽게 우리를 잘 볼 수 있다는 것을 알아야 합니다.

그러나 일단 몸뚱이를 버렸다고 하는 것은 색계의 입장에서 보면 죽었다고 보아야 하니까 편의상 죽었다고 하지만 그러나 거듭해서 말하지만 근본 불성의 자리에서 보면 불생불멸입니다. 이렇게 불생불멸한 영가가 우리들을 환하게 다 보고 있다는 사실을 안다면 영가를 위하여 하는 일은 얼마나 중요하며, 정중하고 엄숙하게 해야 할 것인지를 잘 알 것입니다. 이러한 중요성을 강조하여 시청각적으로 형상화 하

여 놓은 곳이 명부전입니다. 중음으로 있는 유명의
세계에 있는 영가의 세계를 형상으로 보여주는 곳이
란 것입니다.

불교의 윤회와 인과설

오늘이란 어제의 연속선상에 있으며,
또 오늘은 내일의 연속선상에 있는 것과 같이,
금생今生은 전생의 연속이며,
또 내생來生으로 이어지는 것입니다.

앞에서 이미 '죽음이란 없는 것이다'라고 말했습니다. 불생불멸이라는 것이지요. 그리고 윤회에 대해서도 이미 말했습니다. 하지만 여기서는 우리가 부모님의 몸을 빌어서 태어나기 이전에 어떤 연유로 이렇게 지금의 모습으로 태어나게 되었는가 하는 일에 대하여서도 무엇인가 간단한 설명이 있어야 할 것 같아서 다시 한 번 윤회輪廻와 인과因果를 살펴보도록 하겠습니다.

인류는 오랫동안 존재를 어떻게 규정짓고 또 존재를 어떻게 해석할 것인가를 고민했습니다. 지금같이 문명이 발달한 시대에도 많은 사람들이 여기에 의문을 가지고 있습니다. 그 중에 많은 사람들은 아직도 잘못 인식하고 있기도 합니다. 가령 대표적인 사례를 들라고 한다면 이런 것이 있습니다. 하늘에 절대적인 능력을 가진 신이 존재하고 있다고 믿고, 그 신이 인간을 창조했다고 믿는 것입니다. 그들은 인간의 역사와 운명까지도 그 신이 결정하고 있다고 믿습니다. 또 인간은 태어날 때부터 거부할 수 없는 운명이라고 하는 것을 타고 난다고 믿는 사람들이 있습니다. 이렇게 인간의 존재를 절대자에 의해서 창조되었다고 규정하는 창조론과 태어날 때부터 가지고 나온 운명에 의해서 살아간다고 하는 운명론이 있습니다. 또 이 둘을 다 부정하고 모든 생명체는 물질의 진화에 의해서 이루어졌다고 보는 진화론이 있습니다.

우선 이런 견해들은 다 잘못된 견해입니다. 그 잘못된 점을 살펴보도록 하겠습니다.

우리는 민주주의라는 말을 많이 합니다. 이 말은 민民, 다시 말해서 백성이 나라의 주인이라는 말입니다. 그래서 나라의 제도를 어떻게 해서든지 백성이 주인이 되도록 하는 쪽으로 발전시키려 하고 있습니다. 지금도 많은 사람들이 이런 민주제도를 위해서 열심히 일하고 있습니다. 소위 민주화 운동이 그것입니다.

그러면 백성이 나라의 주인이라고 하는 것은 무엇인가요. 다른 사람이 아닌 백성이 나라의 운명과 나라의 역사를 책임진다는 뜻입니다. 바로 주인이라는 말에는 이런 뜻이 들어 있는 것입니다. 지금 우리는 이렇게 각자 개개인 스스로 나라의 운명과 역사를 책임져야 하는 그런 시대에 살고 있는 것입니다. 따라서 우리 개인의 삶이나 개인의 역사도 마찬가지로 누가 책임져 주는 것이 아니며, 더구나 운명론적으로 결정지어져 있는 것이 아닙니다. 바로 자기 자신의 삶에는 자기 자신이 주인이고 주인공이라 자기 자신이 책임을 져야 하는 이것이 민주주의입니다. 다시 한 번 더 강조하자면 절대자가 있어서 우리의 운명과 삶을 좌우하거나 결정하는 것이 아니라 바로 자기 자신이 좌우하고 결정하는 것이란 뜻입니다.

그런데 이렇더라도 한 가지 의문이 남는 것이 있습니다. 그것은 인간과 인간사회는 여러 가지 차별로 이루어져 있다는 것입니다. 그 차별이라고 하는 것이 왜 이루어지고 있는가 하는 것에 대한 해답을 그냥 간단히 신神의 뜻에 맡기거나 운명運命에 맡기면 별다른 설명이 필요 없습니다. 가령 예를 든다면 여기 어떤 사람은 태어날 때 좋은 부모 밑에 태어나서 몸도 건강하고 머리도 영리하며 마음 씀씀이도 지극히 건전해서 어느 것 하나 부족한 것 없이 인생을 행복하게 삽니다. 그렇게 행복하게 사는 것이 절대자의 은총이라고 생각하면 됩니다. 그런데 문제는 어떤 사람은 정반대로 태어날 때부터 가난하고 부모님의 얼굴도 모르는 고아로 자라고 몸도 불편하고 마음 씀씀이도 삐뚤어져서 여러 사람에게 불편을 주는 등 모든 것이 부족하게 태어나 인생을 불행하게 삽니다. 이런 경우도 절대자의 은총이나 뜻에 맡길 수가 있느냐 하는 것입니다. 그리고 간단하게 운명이라고 할 수 있느냐 하는 것입니다.

이런 중요한 문제를 그냥 절대자의 뜻이라고 말하고 운명이라고 말한다는 것은 무리가 있지 않겠습니까. 왜 신이 인간을 만들 때 어떤 놈은 잘난 놈으로 하나도 부족한 것이 없게 만들고 어떤 놈은 못난 놈으로 모든 것이 부족하게 만들어 잘난 놈은 인생을 행복하게 살게 하며, 못난 놈은 왜 인생을 불행하게 살게 하느냐 하는 불만이 생길 것입니다. 만약 그런 신이 있다면 잘난 놈은 한없이 감사하겠지만 못난 놈은 원수로 생각해야 할 것입니다.

그런데 다행히도 그럴 필요가 없게 되었습니다. 신이 있어서 우주 만물을 창조하였다고 하는 것이나, 그 신이 인간의 운명을 좌우하고 역사를 주도한다고 하는 것은 사실이 아니기 때문입니다. 그렇게 인식하는 것은 진리를 잘못 인식하는 것입니다. 아닌 사실에 있어서는 인간의 지혜가 인간 실상을 알기 전의 미혹한 생각에서 나온 것에 불과한 것입니다. 신이란 인간의 관념 속에 존재하는 것일 뿐 그 이하도 그 이상도 아닙니다. 어떤 유명한 정신 분석학자는 "사람은 신을 창조하고 다시 그 신에게 인간을 창조하고 인간의 운명을 좌우하는 능력을 부여했다"고 했습니다. 종교라고 하는 것 자체가 인간이 창조한 문화의 한 형태인 것입니다. 따라서 누군가는 인간이 창조한 것 중에 가장 위대한 것은 신이라고 했습니다. 신이 사람을 창조한 것이 아니라 사람이 신을 창조 했다는 것이지요. 그렇기 때문에 가장 위대한 신은 인간 자신입니다. 그리고 신은 인간 내면의 진실입니다.

불교에서는 인간 실상을 가장 과학적이고 철학적인 방법으로 말함으로 해서 그 진실을 밝히고 있습니다. 그것이 연기론緣起論입니다. 모든 것은 연기된 것입니다. 그것이 우주의 실상이고 인간의 실상입니다. 가령 인간의 차별적인 형상 말고도 인간계급은 사회적 현상이지만 그 같은 현상을 만든 것은 어디까지나 인간 자신입니다. 그래서 '마음이 깨끗해야 국가 사회를 깨끗하게 한다.'心淸淨 國土淸淨라고 해서 자신의 의지가 사회를 규정할 수 있다는 것입니다. 다시 말해서 인간의 의지에 의해서 사회와 국가를 청정하게 할 수 있음을 밝히고 있는 것입니다. 인간 사회에 나타나는 여러 가지 차별이나 계급 같은 것은 인간의 의지로 변화시키고 극복할 수가 있는 것입니다. 자기 삶과 자기가 인식하는 세계의 주인은 인간이며 인간이 창조주입니다. 그래서 일체유심조

一切唯心造라고 하는 것입니다. 이 같이 인간을 우주의 중심에 놓고 보는 사상을 불교의 유심연기唯心緣起라고 하는 것입니다.

그 뿐 아니라 불생불멸하는 불성이 미혹하여 무명으로 윤회하고 있음을 밝혔는데 그것을 또 업감연기業感緣起라고 합니다. 여러 가지 차별된 현상으로 나

타나고 있는 것이 다 스스로 짓고 스스로의 업業이
만든 것이라는 것입니다. 오늘이란 어제의 연속선상
에서 있으며, 또 오늘은 내일의 연속선상에 있는 것
과 같이, 금생今生은 전생의 연속이며, 또 내생來生으
로 이어지는 것입니다. 그것을 과거, 현재, 미래, 삼
세三世라고 말하는 것입니다.

윤회는 오늘 나의 현실은 과거에 지은 업의 결과
이며, 오늘 내가 하는 행위는 업이 되어 미래의 나의
삶을 결정짓게 된다고 하는 사실을 밝히고 있습니
다. 그래서 오늘 복福이 있고 행복한 삶을 누리는 사
람은 바로 전생前生에 지은 복덕의 덕택이며, 반대로
오늘 내가 가난하고 불행한 것은 바로 전생에 지은
나의 업이 이러한 결과를 가져온 것입니다.

이 같은 윤회輪廻의 인과설은 모든 것을 자업자득自
業自得, 스스로 짓고 스스로 그 결과를 받는다고 말하
고 있습니다. 자기 삶은 오직 자기 자신에게 책임이
있을 뿐 그 어느 누구의 책임도 아닙니다.

이런 사실을 깨닫게 되면 누구도 인생을 함부로 생

각할 수 없는 것입니다. 천하 없는 영웅호걸도 인과
를 벗어날 수는 없는 것이기 때문입니다. 이는 바로
우리에게 가장 인간답게 살아야 한다는 것을 가르쳐
주고 있기도 합니다.

그런데 이 불교의 윤회도 잘못 이해하고 있는 사
람들은 지나치게 그 의미를 확대 해석하려 하고 있
습니다. 가령 어떤 사람이 나쁜 업을 지으면 그 결과
짐승으로 태어나기도 하고 또는 벌레 등으로 태어나
기도 한다고 생각하는 것이 그것입니다. 물론 이론
적으로는 그럴 수도 있습니다. 모든 생명체는 불성
을 가졌고, 불성을 가진 것은 짐승이나 사람이나 차
별이 없기 때문입니다. 그러나 사람과 짐승은 분명
히 업에 있어서 현격한 차이가 있습니다. 우선 사람
은 아무리 나쁜 업業을 짓더라도 그래도 사람의 업을
짓습니다. 짐승은 여간 좋은 업을 지어도 사람과 같
은 업을 짓지는 못합니다. 그래서 사람은 악업을 지
으면 그 악업의 과보를 받기야 하겠지만 여간해서
짐승이 되는 것은 아닙니다. 짐승도 마찬가지로 여

간해서 사람이 되기는 어려운 것입니다. 만약 사람이 짐승이 되려면 여러 번의 과정을 거쳐서 점차 그렇게 되는 것이고, 반대로 짐승이 사람이 되려면 역시 수천 번의 과정을 거쳐야 합니다. 그래서 옛 스님이 말씀하시길 '한번 악도에 떨어지면 여간해서 사람 몸을 받기가 어렵다.'라고 한 것입니다. 금방 사람이 되었다가 금방 짐승이 되었다가 하는 것이 아니라는 것입니다. 연목구어緣木求魚나 인신난득人身難得이라고 하는 말이 모두 한번 인간성을 상실하면 다시 인간이 되기가 어렵다는 뜻의 말입니다. 그러니 더욱 인과를 두려워하고 사람이면 사람다운 업을 이어야 합니다. 더 나아가 해탈하는 수행 업을 지으면 부처님이 되는 것입니다. 인간이 되었다고 하는 것은 해탈하여 부처님이 되는 천재일우千載一遇의 기회라 할 것입니다.

사람 몸을 받아서 건강하게 살아 있을 때 부지런히 불도 수행을 하도록 해야겠습니다.

사십구재에 관련된 경전 읽기

- ◉ 한글 우란분경
- ◉ 경전에 나타난 죽음

⊙ 한글 우란분경 _{盂蘭盆經}

이렇게 내가 들었다.

어느 때 부처께서 사위국 기수급 고독원에 계실 적에, 대목건련이 비로서 여섯 가지 신통을 얻고 부모를 제도하여 젖먹여 길러준 은혜를 갚고자 하였다.

즉시에 도안으로 세간을 관찰하니, 그의 죽은 어머니는 아귀에 태어나 음식을 보지도 못하고 피골이 상접하여 있었다. 목건련이 슬피 울며 바루에 밥을 담아 어머니께 갖다 주었더니, 어머니는 바루와 밥을 보자 덥석 왼손으로 바루를 움켜잡고 오른손으로 밥을 움켜쥐었다.

그러나 밥이 입에 들어가기도 전에 갑자기 불덩이로 변하여 먹지 못했다. 이걸 보고 목건련이 슬피 크게 소리쳐 울며, 부처님께 달려가 이러한 광경을 자세히 여쭈었다.

부처님께서는 목건련의 말을 들으시고 말씀하시었다. '너의 어머니는 죄의 뿌리가 깊이 맺혀서 너 한 사람의 힘으로는 어찌할 수가 없으니라. 네가 비록 효순하여 이름이 천지를 진동할지라도 천신, 지신, 사마외도, 사천왕 신들도 어찌하지 못할 것이요, 반드시 시방의 여러 스님네의 위신력을 얻어야 해탈할 수 있으리라. 내가 이제 너에게 구제하는 법을 말해 주어 온갖 어려운 이에게 모두 근심과 괴로움을 여의고 죄업이 소멸하게 하리라.

시방의 여러 스님네가 칠월 십오일에 자자할 때 7세의 부모나 현재의 부모가 액난에 있을 때에 이를 위하여 밥과 백 가지 맛과 다섯 가지 과일과 물 긷는 그릇과 향유와 초와 평상과 와구를 갖추고, 세상에 제일 되는 맛난 음식을 그릇에 담아 시방의 대덕 스님께 공양하여야 할 것이니라.

이 날에는 모든 성현들이 산간에서 선정을 닦거나, 네 가지 도과를 얻거나, 혹은 나무 밑에서 경행하건, 육신통이 자재하여서 성문, 연각을 교화하거나, 십지 보살이 방편으로 비구의 모습을 나타내어 대중 가운데 있으면서 모두 한결같은 마음으로 바루와 밥을 받느니라.

청정한 계와 성현들의 도가 구족하니, 그 덕이 왕향하니라. 누구라도 이 자자하는 승가에게 공양하는 이는 현재의 부모와 7세의 부모와 여섯 가지 친속이 삼도의 괴로움을 벗어나서 곧 해탈할 것이요, 의식이 자연히 이르리라. 만일 어떤 사람이 부모가 현존한 이는 백년 동안 복락을 받을 것이요, 만일 이미 돌아가신 7세 부모는 천상에 태어나되 자재하게 화생하여 천화공에 들어가 무량한 쾌락을 받으리라.

그 때에 부처님께서는 시방의 여러 스님에게 말씀하시었다.

'모두 먼저 시주 집을 위하여 선정에 들어 마음을 안정한 뒤에 공양을 받으라. 처음 그릇을 받았을 때에는 먼저 불탑 앞에 놓고 여러 스님네가 축원을 마치면 자기 밥을 받을지니라.'

그 때에 목건련 비구와 이 모임의 대보살들이 모두

크게 기뻐하였으며, 목건련이 슬피우는 소리도 없어졌다. 이때에 목건련의 어머니는 이 날로부터 1겁 동안 아귀와 고통을 벗어났다.

그 때에 목건련이 다시 부처님께 여쭈었다.

'저를 낳아 준 어머니는 삼보의 공덕을 힘과 여러 스님네의 위신력을 입은 때문이지만, 만일 미래 세상의 불제자들이 효순을 행하는 이도 또한 이 우란분을 받들어 현재의 부모와 7세의 부모를 구제함이 가하겠나이까.'

부처님께서 말씀하시었다.

'매우 기특한 물음이다. 내가 바로 말하려는 것을 네가 다시 물었다. 선남자야, 만일 비구 · 비구니 · 우바새 · 우바이 · 국왕 · 태자 · 대신 · 재상 · 삼공 · 백관 · 만민들이 효자를 행하는 이는 모두 현재의 부모나 과거의 7세 부모를 위하여, 칠월 십오일 불환희일 · 승자자일에 백 가지 맛있는 것을 우란분 안에 담아 시방의 자자하는 스님에게 베풀고 발원하되, 현재의 부모는 아귀의 고통을 떠나서 인 · 천에 태어

나서 복과 낙이 다함이 없게 할지니라.’

부처님께서 선남자 선녀인에게 말씀하시었다. ‘이는 불제자로서 효순을 닦는 이가 항상 부모를 생각하고 공양하되, 7세의 부모까지 함이니라. 칠월 십오일은 항상 효순한 마음으로써 낳으신 부모님과 내지 7세 부모를 생각하고, 위하여 우란분을 만들어 부처님과 스님에게 이바지하여 부모가 길러주고 사랑하여 준 은혜를 갚는 것이니라. 너희들 일체의 불자는 응당히 이 법을 받들어 지닐지니라.’

그 때에 목건련 비구와 사백 제자가 부처님의 말씀을 듣고 기쁜 마음으로 받들어 행하였다.

⊙ 경전에 나타난 '죽음'

죽음이란

어떤 것을 죽음이라 하는가. 이러저러한 중생이 이러저러한 이유로 사라지고 옮기되, 몸이 무너지고, 수壽가 다하여 더운 기운이 떠나고 목숨이 멸하여 쌓임을 버릴 때가 이르면 이것을 죽음이라 하나니, 이 죽음과 앞에서 말한 늙음을 늙음과 죽음이라 한다. 이를 연기의 뜻의 말이라 하느니라.

천도의 의미

생각컨대, 부모도 이미 범부라 악업이 없다 해도 죄의 위인은 소멸하지 않고 고통의 과보도 해제하기 어렵다. 만일 모든 수승한 복을 의뢰하지 않으면 쾌락의 과보를 어떻게 증득할 수 있겠는가. 바라나니, 임종할 때에는 원을 세우면서 시타尸陀에 들게하고

장례 치르는 비용으로 몸을 돕고 아울러 공덕을 닦
으며, 나는 새와 딛는 짐승의 굶주림을 구제하여 장
차 오는 세상의 빚을 면할 수 있게 하라.

『한글 대장경』 / 『법원주림5』

임종할 때 보는 것은

만일 사람이 선악의 업을 지으면, 천상에 가거나 지
옥에 떨어진다. 임종할 때 저마다 영접하는 사람이
있다. 병들어서 죽으려고 할 때 그의 눈에는 와서 영
접하는 이를 보나니, 천상에 가 날 사람이면, 천인이
하늘 옷을 가지고 풍악을 잡으면서 와서 영접하고,
다른 세계에 가 날 사람이면, 그의 눈에 존귀한 사
람이 그에게 묘한 말씀을 하는 일을 보게 되며, 만일
악을 행하여 지옥에 떨어질 사람이면 그의 눈에는
병사들이 칼과 창을 가지고 그를 찾으면서 둘러싸는
것을 보게 된다. 이와 같이 그가 보는 일은 동일하지
않으며 입으로는 다 말할 수가 없다. 저마다 그가 지
은 업에 따라 그 과보를 받는 것이다. 하늘은 억울하

게 함부로 하는 일이 없으며 공평하고 정직하여 두
마음 없나니, 그의 지은 바에 따라 하늘의 법은 그를
다스린다.

『화엄경』

죽음에 대한 부처님의 가르침
목숨은 마치 꽃과 열매와 같아서 성숙하면
항상 떨어질 것을 두려워한다.
태어나면 모든 고통이 있거늘
그 누가 죽지 않을 수 있겠느냐.

처음부터 애욕을 좋아하여
바라면서 태胎안으로 들어갔으며
몸을 받았으니 그 목숨 번개와 같아
밤낮으로 흐르며 그치기 어렵다.

이 몸은 죽음을 위한 물건이며
정신은 형용이 없는 법이니

목숨은 죽고 다시 나거니와
죄와 복은 곧 없어지지 않는다.

마지막과 처음은 세상뿐 아닌데
어리석어 장구長久하기를 바라고
스스로 지어서 고락苦樂을 받으며
몸은 죽되 정신은 상실하지 않는다.

『법구유경(法句喩經)』

정토에 나기 위해서는

미래에 일체 범부를 극락세계에 나게 하려면 삼업三業을 닦아야 한다. 첫째는 부모에게 효도하고 스승을 섬기며 살생하지 않고 십선법十善法을 닦는 것이다. 둘째는 삼귀계三歸戒를 받고 모든 계를 구속하며 위의를 범하지 않는 것이다. 셋째는 보리심을 내고 인과를 깊이 믿으며 대승경전을 독송하고 수행을 권장하는 것이니, 이상의 삼사三事를 정업이라 한다.

『관경(觀經)』

네 가지의 무량심無量心을 행하는 곳을 보살의 정토라 한다. 보살이 성불할 때 자.비.희.사慈.悲.喜.捨를 행하는 중생은 그 정토에 와서 난다. 혹은 네 가지의 섭법攝法이 곧 보살의 정토이니, 이른바 보시.애어愛語.이익.동사同事가 보살의 정토다. 보살이 성불할 때 해탈에 포섭된 중생은 그 정토에 와서 난다.

『유마경』

오행으로 정토에 난다. 하나는 예배요, 둘은 찬탄이며 셋은 발원이요, 넷은 관찰이며, 다섯은 회향이다.

『정토론』

육행으로 정토에 난다. 보시가 곧 보살의 정토다. 보살이 성불할 때 일체를 잘 희사하는 중생이 그 정토에 와서 난다. 내지 지혜가 곧 보살의 정토다. 보살이 성불할 때 일체 지혜로운 중생이 그 정토에 와서 난다.

『유마경』

일곱 가지 정화精華로서 이 깨끗한 사람에게 목욕시키는 것이다. 첫째는 계정戒淨이요, 둘째는 정정定淨이며 셋째는 견정見淨이요, 넷째는 도의정度疑淨이며 다섯째는 도비도정道非道淨이요, 여섯째는 행정行淨이며 일곱째는 행단지정行斷智淨이다. 앞의 둘은 방편도方便道요 다음의 셋은 견도見道이며 다음의 하나는 수도修道요 뒤의 하나는 무학도無學道이다. 이 일곱 가지의 정七精으로 말미암아 사도四道를 이루고 사도四道가 이루어졌기 때문에 그 과보로 정토에 사느니라.

『유마경』

사십구재와 천도재에 대한 몇가지 질문

친정어머니에 대한 사십구재

⊙

위패는 어떻게 써야 하는가

⊙

비명횡사한 가족의 천도재

⊙

애완견을 위한 사십구재

⊙

불자들이 개고기를 안 먹는 특별한 이유

⊙

사십구재는 어떤 옷을 태우는가

⊙

삼오제

⊙

반혼제

⊙

수자영가 천도재

⊙

윤달과 생전예수재

문 | 나는 결혼한 사람입니다. 친정어머니가 돌아가셨는데, 올케가 교회를 다닌다고 사십구재도 안 지내고 일체 다른 기제사도 안 지내겠다고 합니다. 아버님이 돌아가셨을 때도 사십구재를 안 지냈기 때문에 어머니 사시구재는 꼭 지내고 싶습니다. 출가외인인 내가 사십구재를 지내도 될는지요. 남편도 찬성을 하고 돌아가신 부모님도 모두 불자였습니다. 특히 저의 어머니는 아버님이 돌아가시고 며느리인 올케가 교회를 다닌다는 이유로 제사를 안 지내 어머니 가슴에 한이 되었었습니다.

답 | 먼저 친정어머니의 사십구재를 지내도록 하십시오. 부모님을 위해서 재를 올리는데 무슨 출가외인이 따로 있겠습니까. 그리고 불교는 남녀를 구별하지 않는 종교입니다. 우리가 출가出嫁 했다고 해서 외인外人이라고 하는 것은 조선시대의 유교적인 관점입니다. 조선시대도 여인을 출가외인으로 취급한 것

은 중기 이후의 일이라고 말하는 학자들이 많습니다. 불교가 크게 부흥했던 신라시대나 고려시대에는 극심하게 남녀를 차별하지도 않았고, 결혼한 여인이라고 해도 친정에 대하여 의무와 권리를 빼앗지 않았습니다.

그리고 요즘 세상은 더욱 남녀의 성차별이 없는 사회를 지향하고 있는데 항차 부모님을 위해 올리는 재를 지내고 하는 것에 어찌 남녀의 차별이 있을 것이며, 출가외인이 있겠습니까. 친정에서 오빠 내외가 못한다고 하면 당연히 딸이 해야 합니다. 남편도 동의를 한다고 하니 더욱 잘된 일입니다. 만약 친정에서 오빠라든지 다른 가족들을 참석해 달라고 했는데도 재를 지내는 날 참석하지 않으면 별수 없이 그냥 참석한 사람끼리만 하면 됩니다. 참고로 남녀의 차별을 두지 않는 것은 재를 올릴 때 영단에 잔을 올리고 절을 할 때도 불교는 남녀의 차별이 없습니다.

문 | 스님 말씀은 부모님을 위한 재를 올리는데 아들

딸 구별이 없다는 뜻인데, 그렇다면 기제사도 딸인
내가 지내도 된다는 뜻인지요.

답 | 물론입니다. 오늘날은 남녀의 성차별을 없애고
평등사회를 지향하는 것이라고 앞에서 말했습니다.
그렇게 남녀의 성차별이 없어지기 위해서는 결혼한
딸을 출가외인이라고 하는 말 자체가 없어져야 합니
다. 실제로 우리나라 법률은 친정 부모님이 돌아가시
면 부모님의 재산을 상속받는데 아들과 딸의 차별을
두고 있지 않습니다. 이렇게 법률에서도 권리를 차별
하지 않고 있는데, 차별받지 않으려면 당연히 의무
에 있어서도 차별이 있어서는 안 되는 것입니다. 권
리를 찾을 때는 차별하지 말라고 하고 의무를 행해야
할 때는 출가외인이라고 외면하면 안 됩니다. 그러니
살아 계실 때도 친정 부모라고 해서 딸이 모시고 봉
양하는 의무를 아들과 달리 하면 안 되듯이 돌아가신
이후에 행해야 할 의무, 이럴 테면 제사를 지내는 것
등도 아들과 딸의 차이가 있을 수 없는 것입니다.

문 | 스님 말씀대로 딸인 내가 재를 올린다면 내가 제주祭主가 되는 것인가요. 아니면 사위인 남편이 제주가 되는 것인지요.

답 | 당연히 딸이 제주祭主가 되는 것입니다. 절에서 올리는 사십구재에는 물론이고 만약 기제사를 집에서 지내게 된다면 그때도 역시 제주는 역시 딸인 당신이 제주가 되는 것입니다. 물론 사위가 되는 남편도 같은 제주라고 해야 하겠지만 그래도 역시 딸이 중심이 되어야 하는 것입니다. 그보다 먼저 제주에도 아들과 딸의 차별이 없어져야 합니다. 친정에서 제사를 지낸다고 해도 아들과 딸의 차별 없이 모두 제주가 되는 것입니다. 이것은 유교다 불교다 또는 기독교다 하는 그런 것을 떠나서 부모님의 제사를 지낼 때는 그 아들과 딸이 모두 같이 제주가 되는 것입니다. 친정에 부모님 제사를 지내러 갔다가 출가외인이라고 부모님 제상에 절도 한번 못하고 오는 것은 적어도 오늘날에는 안 맞는 것입니다. 그러니

그렇게 하면 안 됩니다. 물론 사위와 며느리도 똑 같이 제사에 참여하고 같이 절을 해야 하는 것입니다.

⊙ 위패는 어떻게 써야 하는가
문 | 집에서 기제사를 지낼 경우 위패는 어떻게 써야 하는지요.

답 | 매우 중요하고도 적절한 질문입니다.
유교를 비난 할 생각은 조금도 없습니다. 그러나 유교에서는 제사를 지낼 때 위패를 지방이라고 해서 제사 상 위에 써서 붙여 놓는데, 이것이 문제가 많습니다. 벼슬을 하지 않는 사람은 아예 사람으로 취급을 안 합니다. 심하게 말하면 벼슬하지 않은 사람은 위패가 없다고 보면 됩니다. 왜냐하면 국록을 먹는 벼슬이 없으면 천편일률적으로 모든 사람의 위패(지방)를 현고하생부군신위(顯考學生府君神位)라고 합니다. 그야 말로 성도 없고 이름도 없습니다. 이것은 벼슬하지 못한 사람은 사람으로도 인정하지 않는 것으로 볼 수 있습니다. 오히려 어머니의 위패를 쓸 때는 현비유인은진임씨신위賢妣孺人恩津林氏神位라고 하여 성씨는 쓰고 있습니다. 그리고 벼슬을 한 사람은 그 벼슬의 명칭을 씁니다.

위와 같은 것은 그야 말로 구시대적인 것이고, 버려야 하는 것입니다. 그러니 위패는 특별한 양식이 있다기보다 정중하고 정확한 글씨로 아버지의 이름을 써 놓기만 해도 됩니다. 아니면 그냥 사진만 놓고 위패를 안 써도 됩니다. 실제로 옛날에도 영정을 가진 사람들은 위패를 사용하지 않기도 했답니다.

그러나 간단하고 모범적인 예를 든다면 '선부친홍길동영가'라고 하면 됩니다. 여기서 선先이란 돌아가신 분을 지칭하는 의미를 가지고 있습니다. 부친父親은 아버지이고 모친母親은 어머니이니까, 할아버지나 할머니의 경우는 조부祖父 조모祖母라고 하면 됩니다. 그리고 어려운 한문으로 쓸 것 없이 한글로 쓰면 됩니다.

덧붙여 하나만 더 말씀 드리겠습니다. 절에서 재를

올리든지, 기제사의 경우 절에서는 스님들이 다 알아서 해 주시니까 문제가 없는데 집에서 제사를 지낼 경우 여러 가지 절차 같은 것을 생각하지 않을 수가 없습니다. 우리의 전통 제사는 유교식이라고 할 수 있겠는데, 각 지방마다 약간씩 다르고 집안마다도 약간씩 다릅니다. 이것은 결국 자기 방식대로 하면 된다는 것을 의미하는 것입니다. 공연히 까다로운 법식에 얽매일 필요가 없다는 것입니다. 그래서 옛말에도 '남의 제사에 감 놓아라, 대추 놓아라 하다'는 속담이 있는 것입니다. 다시 말해서 우리 집 식으로 하면 되는 것입니다.

제사는 첫째도 둘째도 정성입니다. 음식은 간결하고 깔끔하게 하는 것이 좋습니다. 제사를 지내기는 하면서도 힘들다고 해서 불평하는 사람들이 많이 있는데 그 사람들이 싫어하는 이유가 대체로 일이 많아서 싫다는 것입니다. 제사 음식을 장만하는 것이 힘들고 귀찮아서 제사 자체를 싫어한다면 되겠습니까? 따라서 음식 장만은 매우 간결하고 정갈하게 하는 것이 좋습니다. 그 뿐만 아니라, 음식을 장만하는 것에서부터 제사를 지내는 것 모두를 전 가족이 남녀 구별 없이 공동으로 해야 합니다. 이렇게 모두가 함께 일을 하고 온 가족이 참여하는 축제 분위기로 제사를 지내면 가족과 친족 간에 친목을 도모하는 이벤트가 될 수 있을 것입니다. 돌아가신 부모님과 조상님을 위한 기제사날을 통하여 가족과 친족이 모여 화목한 문화를 만든다면 그것 보다 좋은 제사가 어디 있겠습니까.

◉ 비명횡사한 가족의 천도재

문 | 우리 집안에는 오래 전에 돌아가신 시동생이 있습니다. 내가 결혼하기 전의 일이라 나는 아직 한 번도 돌아가신 분의 얼굴을 본 일도 없습니다. 객지에서 사고로 돌아가셨다고 합니다. 그런데 최근 남편과 시어머님의 꿈에 그 시동생이 자꾸 나타나서 시어머님과 남편이 천도재를 지내자고 합니다. 어떻게 해야 할는지요.

답 | 그렇게 객지에서 비명횡사한 사람, 억울하게 죽은 사람을 위해서 지내주는 것이 바로 천도재입니다. 옛날 사람들은 장가를 못가고 죽은 사람은 제사를 안 지냅니다. 아니 제사라고 하는 것은 대를 이은 자손이 지내주는 것인데 장가를 안간 사람은 자연히 자손이 없으니까 제사를 지낼 사람이 없는 것이지요. 아버지가 아들의 제사를 지내는 법은 없기 때문입니다. 하지만 앞에서도 이미 말했습니다만 불교의 제사는 돌아가신 영가에게 재齋를 올리는 것이고, 또 천도薦度를 하는 것입니다. 그래서 제사祭祀라고 하는 것과 보통은 글자를 혼동해서 사용하지만 그 의미는 전혀 다른 것입니다. 아울러 아버지와 어머니가 아들을 천도薦度하는 재齋를 올리는 것은 너무나 당연한 것입니다. 제사는 부모님이 지낼 수가 없지만 천도재는 당연히 해야 한다는 것입니다. 아들이 부모님의 천도재를 지내는 것과 똑 같은 것이지요. 따라서 그 집에서도 오래 전에 죽은 얼굴도 알 수 없는 시동생이지만 천도재를 지내주면 좋습니다. 또 당연한

것이기도 하고요.

그리고 시동생이 비명횡사를 했다고 했는데, 젊은 나이에 비명횡사한 사람을 위해 절에서 천도재를 지내는 것은 꼭 필요합니다. 이것은 두 가지 의미가 있습니다. 우선 죽은 당사자가 젊은 나이에 사고로 죽게 되면 여러 가지 한恨을 많이 가지게 됩니다. 죽음을 쉽게 받아들이지를 못해서 무주고혼이 되어 떠돌아다니게 되는 것입니다. 귀신 이야기에 처녀귀신이나 총각귀신이 많은 것도 그들이 젊은 나이에 죽어 한을 담고 있기 때문에 저승길로 가지를 못하고 산천을 헤매는 무주고혼이 되기 때문입니다. 그래서 죽은 영가를 위해서 천도재를 지내야 합니다. 또 하나는 살아 있는 사람을 위해서도 천도재는 지내야 합니다. 이렇게 억울하게 죽은 사람은 죽은 당사자만 한을 가지게 되는 것이 아니고, 살아 있는 사람도 가슴에 한을 담고 있게 됩니다. 생각해 보십시오. 앞날이 창창한 젊은 아들이나 딸, 그리고 동생, 형, 친구가 어느 날 갑자기 죽었다고 합시다. 우리 주위에는 의외로 그런 사람들이 많습니다. 이렇게 죽으면 살아있는 사람도 마음에 큰 상처를 입고 수십 년이 지나도 쉽게 그 한이 없어지지 않습니다. 이런 사람들이 마음에 큰 앙금으로 남아있는 한을 풀어내지 못하면 건강에도 안 좋고 여러 가지 일에도 자꾸 우환이 따르게 됩니다. 따라서 이런 사람들은 먼저 간 영가를 위해서 천도재를 여법하게 잘 치루고 나면 한恨이 풀려서 몸도 마음도 개운해지고 홀가분해 집니다.

　더하여 이야기 하자면 요즈음 빙의라는 말을 더러 사용하는데, 빙의憑依라고 하는 것은 우리말로 귀신 들렸다는 말입니다. 죽은 사람도 한이 많아 무주고혼으로 떠돌고, 살아 있는 사람도 마음에 한이 많아 죽은 사람을 못 잊어하면 서로 그러한 마음이 결합되어 헛것을 보기도 하고 공청이라고 하여 헛소리를 듣기도 하는 것입니다. 이런 사람들에게는 천도재를 지내면 쉽게 그러한 증상이 해소 됩니다.

⊙ 애완견을 위한 사십구재

문 | 저는 좀 엉뚱한 것을 물어 보고 싶은데요. 오랫동안 집안에서 기르던 애완견이 죽었습니다. 우리 가족은 모두 가족 하나가 죽었다고 매우 슬퍼하고 땅에 묻어주었습니다. 애완견을 위한 사십구재는 지내면 안 되는지요.

답 | 매우 좋은 생각입니다.

옛날 사람들의 일화에도 집에서 기르던 개나 다른 여러 짐승들을 위해서 재를 지냈다는 이야기는 더러 있습니다. 심지어는 사람보다 더 좋은 무덤을 만들어 주고, 비석까지 세운 경우도 있습니다.

인간은 매우 오래 전부터 가축을 길러 왔습니다. 가축은 인간의 역사와 같이 했다고 해도 과언이 아닐 것입니다. 이러한 가축 중에서도 인간과 가장 가까운 가축이 개일 것입니다. 가축 중에서 개는 집안에서도 사람과 가장 가까이 생활하는 동물입니다. 그 결과 농경사회에서 오늘날 산업사회의 도시 생활

속으로 인간을 따라온 유일한 가축이 개입니다.

사람들이 개를 기르게 된 동기는 여러 가지 이유가 있었을 것입니다. 사냥을 시키기 위한 것이거나 에스키모인들처럼 썰매를 끌게 하기 위한 것, 목축을 하는 유목민들에게는 양떼를 모으게 하기 위해, 또는 수레 끌게 하기 위해서도 길러졌습니다. 이처럼 개는 지구촌 여러 민족들이 각기 다양한 목적으로 길러졌고, 그 종류도 수백 종이나 됩니다.

그러한 개가 오늘날 인구가 밀집된 도시 생활에서는 집안에서 애완용으로 길러지는 경우가 많습니다. 다시 말해서 친구로 가족과 같은 관계로 까지 발전한 것입니다. 아이들은 애완견을 품에 안고 다니는가 하면 침대에서 같이 잠을 자는 등 같이 생활을 합니다.

그뿐 아니라 오늘날에는 개를 키우는 목적이 더욱 다양화 되어 특수한 목적으로 사용되기도 합니다. 시각장애인들의 길을 안내하는 맹도견, 청각장애인의 귀가 되어 주는 청도견도 있습니다. 나이가 들어

혼자 외롭게 사는 독거노인들의 친구 역할을 하도록 길러진 개도 있고, 그런가 하면 옛날 사냥개들이 오늘날에는 경찰견이 되어 범인을 잡고, 군견으로 길러져 군인들의 순찰과 수색에 사용되기도 합니다. 공항이나 기타 중요한 시설에서 마약밀수 등을 적발하고 테러범들의 폭발물 같은 것을 찾아내는 역할도 개들이 합니다. 심지어 의사들은 개를 사람들의 심리치료에도 사용한다고 합니다. 우울증이나 대인기피증 또는 자폐증이 있는 사람에게 개를 기르게 하면 좋은 효과가 있다는 것입니다. 이렇게 개는 사람들과 떼려야 뗄 수 없는 고마운 존재가 되었습니다. 그러니 이렇게 고마운 개가 죽고 나면 재를 지내 주는 것은 자연스러운 것일 것입니다.

내가 아는 어떤 사람은 시골에 사시는 연로하신 부모님이 안타까워 개를 한 마리 사다 드렸다고 합니다. 부모님이 몹시 좋아하시고 개를 무척 아끼며 길렀는데, 아버지가 돌아가시고 난 후에는 어머니가 개를 더욱 아끼며 길렀습니다. 시골집에 홀로 남은

외로운 어머니에게는 개가 유일한 가족이었던 것입니다. 그렇게 연로하신 어머니와 몇 년을 같이 살았는데, 어머니는 서울로 아들집에 다니러 오면 그 개가 걱정이 되어서 며칠 쉬지도 못하고 내려가시고 했답니다. 개도 어머니가 집에 안계시면 집밖에 나가지도 않고, 이웃집 사람들이 먹을 것을 주어도 먹지도 않고 어머님을 기다리곤 했다고 합니다. 그러다가 어머니가 병이 들어 앓아눕자 개도 음식을 안 먹고 시름시름 앓아눕더니 어머니가 돌아가시자 개도 그 이튿날 그만 따라 죽었습니다. 그래서 어머니 무덤 옆에 개도 같이 묻어 주었다고 합니다. 물론 절에서 어머니 사십구재를 올리는 날, 개도 같이 축원을 해주었습니다.

이런 경우 개는 단순한 친구를 넘어 시골집의 외로운 노인에게 말벗이 되고 외로움을 달래주는 효자 이상의 것이었을 것입니다. 그리고 저승길도 같이 따라간 격이 되었으니 그 아들의 입장에서 생각할 때 객지에 나와 살 수 밖에 없는 자신을 대신한 그 개가 얼마나 고마운 존재이었겠습니까. 그래서 무덤도 어머니 무덤 옆에 해 주었다는 것입니다.

개는 다른 동물에 비하여 머리가 영리하여 사람의 의사를 잘 알아듣고 종류에 따라서는 사람에게 매우 친근하게 합니다. 그래서 사람들은 이러한 개의 특성을 잘 이용하여 가까이 길렀고, 은혜를 아는 동물로 생각한 것입니다. 여기서 일일이 다 이야기 할 수는 없지만, 개가 주인의 목숨을 건진 이야기며, 주인을 위해서 대신 죽은 이야기도 많이 있습니다. 그런 이야기를 소재로 한 소설이나 영화 같은 것도 다소 있지요. 이것은 무엇을 의미하느냐 하면 사람하고 마음이 통 할 수 있는 존재라는 것입니다.

물론 옛날이야기에는 집에서 기르는 소가 주인을 위하여 호랑이와 맞서서 싸웠다는 이야기도 있고, 오랜 세월 동안 전쟁터에서 타고 다니던 말을 위해서 무덤을 만들어 주고 기념비를 세웠다는 장수의 이야기도 있습니다. 하지만 그런 동물은 특수한 경우가 아니면 이제 인간과 거리가 멀어졌습니다. 하지만 여전히 현대 문명 속에서 사람과 더욱 친근해진 동물은 개입니다. 이러한 개를 특별하게 취급하는 것은 당연합니다.

그러니 집안에서 오랫동안 가족처럼 키우던 개가 죽어서 마침 땅에다가 묻어 주었다니 잘하셨습니다. 그리고 사십구재를 지내고자 한다면 적절한 수준으로 지내 주시면 됩니다. 사실 우리 보광사에서도 수년전에 아주 작고 귀여운 개를 큰 개가 물어서 죽인 일이 있었습니다. 그래서 기십만 원을 드려 사십구재를 지내 준 적이 있습니다. 젊은 스님들이 반야심경을 읽어 주고 인도환생 하여 불도수행을 하라고 축원도 해 주었습니다.

◉ 불자들이 개고기를 안 먹는 특별한 이유

문 | 절에 다니는 불자들은 개고기를 안 먹는다고 하는데 특별한 이유가 있는지요.

답 | 특별한 이유는 없습니다. 그냥 자연스러운 풍속

으로 전해오는 것입니다.

우선 불교는 특별하게 개고기만을 먹지마라 하는 규정은 없습니다. 대체로 대승불교의 보살계에는 고기를 먹지 말라고 했습니다. 그러나 지금 세계적으로 불자들이 절대적으로 고기를 먹지 않는 경우는 드물고, 상식常食으로 먹지 않는 정도입니다. 그런데 아마 불자가 아니라고 해도 개를 각별히 사랑하는 사람들은 그런 규정이나 계율 이전에 스스로 개고기를 안 먹는 경우가 많을 것입니다.

근래에 우리나라가 올림픽을 개최하고 월드컵을 개최하는 등 국제적인 큰 행사를 개최하면서 몇몇 외국인들이 우리나라가 개고기를 먹는 나라라고 비난을 하기도 하고 그랬습니다. 그래서 우리나라에서도 개고기를 먹지 말자는 주장을 하는 사람들도 더러 있습니다. 하지만 나는 개인적으로 개고기를 먹으면 안 된다는 것을 굳이 강요할 필요는 없다고 봅니다. 그리고 절에 다니는 불자라고 해서 굳이 개고기만을 먹으면 안 된다고 보지도 않습니다. 개고기뿐만이 아니

라 다른 고기도 가능하면 안 먹는 것이 건강에도 좋
고 불자 된 도리로서도 좋은 것입니다. 그러니 전혀
안 먹을 수는 없다고 해도 고기는 적게 먹는 것이 좋
습니다.

⊙ 사십구재는 어떤 옷을 태우는가
문 | 사십구재를 지낼 때 옷을 태우는데 어떤 옷을
태우는 것이 좋은지요.

답 | 남자라면 남자 옷을 여자라면 여자 옷을 태우면
됩니다. 시장에 가면 아예 사십구재를 올리고 소각하
는 옷으로 판매하는 것이 있습니다. 그런 것을 사다
가 태워도 좋고 경우에 따라서는 안태워도 관계없습
니다. 지금도 관욕을 할 때는 종이로 접은 옷을 태웁
니다. 그러나 옛날에는 옷이 귀하고 비싸니까 종이옷
을 태우는 경우가 많았습니다.

그렇지만 옷을 태우는 것에는 두 가지 의미가 있습
니다. 첫째 육신이 소멸하여 저승으로 간 영가에게

옷을 소멸하여 저승에서 입고 가라고 준다는 의미를 가지고 있습니다. 두 번째는 살아 있는 이승의 사람이 돌아가신 영가의 옷을 태우므로 해서 이승의 인연을 마무리 짓는다는 의미입니다.

따라서 반드시 어떤 특정한 옷을 소각해야 하는 것은 아닙니다. 소각용으로 시장에서 파는 값싼 옷을 사다가 소각해도 좋고요. 더욱 좋은 의미를 가지려면 살아 있을 때 입던 옷 중에서 하나를 소각하면 좋습니다. 가장 좋은 의미를 가지려면 옷을 태우지 말고 깨끗한 옷을, 옷이 없는 사람에게 보시하면 좋습니다. 그래서 스님들에게 옷을 보시하기도 합니다. 이런 경우 승복을 장만하여 보시하려면 돈이 많이 드니까 그만한 여유가 안 될 경우는 속옷으로 대체해도 무방합니다.

특히 유의 할 것은 소각을 할 때 값비싼 새 옷을 태우면 좋은 줄로 알면 안 됩니다. 그것은 낭비일 뿐 아니라 영가에게도 좋은 일이 아닙니다. 기타 다른것도 마찬가지입니다. 비누나 치약 같은 경우는 더욱이 태워도 태워지지도 않거니와 태울 이유도 없습니다. 사찰에서는 그것을 모아 놓았다가 절에서 사용해도 좋고, 다른 사람들, 이럴 테면 양로원이나 기타 필요한 곳에 보시를 하면 좋습니다.

⊙ 삼오제

문 | 삼오제란 무엇인지요.

답 | 요즈음 많은 사람들이 삼오제三五祭라는 말을 사용하고 있는데 본래 우리 전통 제례에는 삼오제란 말은 없습니다. 삼우제三虞祭라는 말이 잘못 사용된 것입니다.

어떤 사람들은 삼오제를 보통 장례를 삼일 만에 치루고 다시 오일이 되는 날 묘지에 가서 제를 올리는 것을 삼오제라고 한다고 생각하는데 이것은 잘못 알고 있는 것입니다.

삼우제란 우虞라는 글자를 잘 이해해야 합니다. 우虞는 헤아리다, 근심하고 걱정하다, 염려하다 라는 등의 뜻을 가진 말입니다.

사람이 죽으면 우리나라 전통 장례법에는 우제虞祭를 세 번 지냅니다. 첫 번째 우제는 내일 장례를 지내면 시신을 산에다가 묻어야 하니까 마음에 얼마나 염려되고 걱정이 되겠습니까. 삭막한 산에 산새나 찾아와 우는 차가운 땅속에다가 돌아가신 부모님을 묻어야 하는 상주의 마음이 얼마나 염려되고 걱정이 되겠습니까. 그래서 지내는 것이 초우제初虞祭라고 하는 것입니다. 두 번째는 이제 시신을 산에다가 묻어놓고 집으로 돌아오면서 적막한 산에다가 묻어놓고 오는 사람이 발길이 떨어지지 않는 심정으로 지내는 것입니다. 그것을 재우제再虞祭라고 하는 것입니다. 그리고 아무래도 산에 묻어놓고 왔는데 마음이 놓이지 않을 것이 아닙니까. 그래서 며칠 있다가 찾아가서 묘지의 잔디도 다시 한 번 살펴보고 제사를 지내는 것이 삼우제三虞祭인 것입니다. 이 때 마지막 삼우제를 지내는 날은 날짜에 관계없이 유일柔日날 지내는 풍속이 있습니다.

흔히 사찰에서 삼오제를 지낸다고 하는 경우가 있는데 앞에서 이야기 한 것과 같이 삼오제란 본시 없는 것이고, 또 지낼 필요도 없는 것입니다. 그리고 사찰에서는 지내려고 해도, 삼일장을 지내고 다시 삼오제일에 해당되는 날에 재를 지내려고 하면 바로 사십구재의 초재와 겹치거나 하루 이틀 상관으로 날짜가 되기 때문에 번거로울 뿐입니다. 따라서 초재를 잘 지내면 됩니다.

◉ 반혼제

문 | 그럼 반혼제는 무엇인가요.

답 | 반혼제返魂祭라고 하는 것은 장지에서 시신을 땅에 묻고 장례절차가 다 끝난 뒤 다시 위패(신위)를 집으로 모시고 돌아옵니다. 옛날에는 이렇게 모시고 온 위패를 빈소에 모십니다. 이렇게 다시 집으로 위패를 모시고 와서 올리는 제사를 반혼제라고 하는

것입니다.

그러나 오늘날 집안에 빈소를 모시는 문화는 사라지고 없습니다. 옛날에는 부모가 돌아가셨을 경우 장례가 끝나고 나서도 위패를 빈소에 모시고 소위 삼년상이라고 하는 것을 지내는데, 상주는 이 기간 동안 상복을 입고 조문객을 받습니다.

오늘날에는 집안에 빈소를 마련하지 않기 때문에 장지에서 혹은 화장터에서 바로 절로 위패를 모시고 오게 됩니다. 그 때 위패를 사찰 영단에 모시는 것을 반혼제라고 하는 것입니다. 따라서 아주 간소한 몇 가지의 제물을 영단에 올리고 상주이하 동참 대중이 절을 하면 됩니다. 물론 염불은 생략해도 되고 하더라도 간단하게 하면 됩니다. 어떤 염불을 해야 한다는 규정도 없고 또 별도로 정해진 의식이나 염불도 없습니다.

⊙ 수자영가 천도재

문 | 저는 사십대 주부입니다. 오래전에 원하지 않은

임신을 해서 어쩔 수 없이 낙태를 한 일이 있습니다. 내가 다니는 절에서 수자영가 천도재를 한다고 합니다. 그래서 같이 동참을 했습니다. 그러나 스님의 법문을 듣고 나니까 그 때 낙태를 했을 때 사십구재를 지내 주었어야 하는 게 아닌가 하는 마음이 듭니다. 지금도 많은 사람들이 어쩔 수 없는 사정으로 낙태를 하는 경우가 있을 것입니다. 스님께서 이런 사람들을 위하여 좋은 가르침을 주십시오.

답 | 매우 중요한 질문입니다. 결론부터 말씀드리자면 당연히 사십구재를 지내야 합니다. 천수를 다 누리고 사시다가 돌아가신 분들보다 더욱 정중하게 사십구재를 지내 주는 것이 당연합니다. 물론 여기서 정중하게 한다고 하는 것은 재를 지내는 당사자가 그만큼 수자영가의 천도를 위하여 정성을 드려야 한다는 것을 의미하는 것입니다. 부모님이 돌아가셔서 지내는 것처럼 돈을 많이 드리고 일문권속이 모여서 재를 올리는 그런 것을 의미하는 것이 아니라는 것

입니다. 수자영가의 어머니와 아버지 두 분이 같이 참석하여 조용히 『금강경』같은 경전을 읽어 주고 극히 조촐하게나마 사십구재를 지내주면 됩니다.

생각해 보십시오. 이미 어머니 뱃속에서 수태가 된 그 순간부터 소중한 생명이며, 아들이고 딸인 것입니다. 그런데 그런 귀중한 아들 딸을 세상 밖에 태어나기도 전에 인위적으로 의학의 힘을 빌려서 죽인다는 것은 악업을 짓는 것입니다. 그 생명의 입장에서 생각해 본다면 얼마나 억울한 일이겠습니까. 불자佛子다 불자가 아니다 하는 것을 떠나서 낙태는 안하는 것이 좋습니다. 그러니 사전에 철저하게 피임을 하셔서 임신을 하지 않도록 해야 합니다. 만약 피임에 실패하여 원하지 않은 임신이 되었더라도 낙태는 하지 않는 것이 좋습니다.

하지만 세상이란 어쩔 수 없는 일도 있는 것이니까. 만약 낙태를 하게 되었다면 반드시 사십구재 등 수자영가를 위한 천도재를 지내 주는 것이 좋습니다. 그래서 요즘은 사찰에서 수자영가를 위한 천도

재를 합동으로 하는 경우가 있습니다. 매우 바람직
한 일입니다. 낙태를 한 일이 있는 사람들은 이때 빠
지지 않고 동참하십시오.

◉ 윤달과 생전예수재

문 | 금년은 윤달(양력 3월 21일이 윤2월 1일이다)
이 있는 해라고 합니다. 전국 각 사찰에서는 윤달에
특별한 행사를 많이 하는 것 같습니다. 그 중에 제가
다니는 사찰에서는 예수재라고 하는 것을 하는데 이
것이 무엇인지요. 그리고 왜 하필 절에서는 윤달에
많은 행사를 하는지요.

답 | 우선 윤달에 대해서는 말씀드리겠습니다. 윤달
은 서양역법인 양력에는 없는 것입니다. 동양에서
사용하는 음력에만 있는 것입니다. 서양역법을 양력
이라고 하는 것은 태양을 중심으로 한 것이기 때문
에 양력이라고 합니다. 그리고 동양의 역법은 달을
중심으로 한 것이기 때문에 음력이라고 하는 것입니

다. 그러니까 음양으로 볼 때 태양은 양이고 달은 음이기 때문에 그런 명칭이 생긴 것입니다.

지금 우리는 양력을 주로 사용합니다. 하지만 이미 유엔 같은 국제기구에서 조차 음력이 더 과학적이고 더 정확한 것으로 여긴다는 사실이 판명 났습니다. 달은 지구를 따라다니면서 돌고 있는데, 한 달을 주기로 하는 변화를 나타냅니다. 그래서 그 달의 변화를 따라 초하루와 보름을 정해 놓고 있습니다. 15일이 되면 정확하게 보름달을 볼 수 있는 것이 그 것입니다. 이렇게 한 달을 주기로 하는 달의 변화는 일 년에 열두 번이 반복됩니다.

그런데 일 년은 365일로 되어 있고, 여기에 맞추어서 양력은 달하고는 아무 관계도 없이 그냥 한 달의 날짜를 31일과 30일로 해 놓았습니다. 하지만 달은 30일과 29일을 주기로 변화 하니까 일 년에서 대충 11일이 모자라게 됩니다. 음력은 이것을 모아서 4년 마다 한 번씩 윤달을 만드는 것입니다.

그러므로 음력으로 보면 4년 마다 한 번씩 공짜로

생기는 달이 하나 있는 것입니다. 그래서 옛날 사람들은 윤달을 공짜 달이라고 해서 이 때 여러 가지 일들을 합니다. 묘지를 이장하는 것이며, 이사를 하는 것 등 여러 가지를 하지요. 그러나 윤달에 결혼을 한다든지, 윤달에 태어난 사람, 혹은 윤달에 돌아가신 사람은 기념일이나 생일 또는 제사를 찾아 먹기가 힘들지요. 사주를 보는 사람들도 사주를 뽑기도 힘들고.

그런데 절에서는 이 때 요즘 말로 이벤트적인 행사를 많이 합니다. 공짜로 생긴 달이니 그냥 보내지 말고 여러 가지 좋은 일을 해 보자는 것입니다. 그래서 사찰에 따라서는 보살계를 계단을 설치하며 큰 법회를 열기도 하는가 하면, 평소 못가 본 사찰순례 같은 여행을 하기도 합니다. 우리가 어릴 때 보면 동네의 연세 많은 노인들이 짝을 지어 여행을 떠나는 것을 많이 보았습니다. 그것이 요즘은 관광버스로 하루에 삼사 순례를 하는 그런 행사로 변했습니다.

이런 중에 윤달에 가장 많이 하는 것으로 세속에서

는 묘지 이장 같은 것을 많이 하고, 사찰에서는 생전 예수재를 많이 합니다. 생전예수재生前豫修齋란 글자 그대로 살아 있을 때 미리 공덕을 닦는다는 것입니다. 죽어서 자손들이 사십구재 같은 재를 지내는 것을 살아서 내가 직접 그와 같은 재를 올린다는 것입니다.

그 유래는 대충 중국의 당나라 때 불교가 가장 번성하기도 했지만, 동시에 도교가 주술적으로 발달을 했는데, 그런 영향을 많이 받고 시작된 것입니다. 명주전의 시왕신앙도 이 때 도교의 영향을 받은 것입니다. 그래서 옛날의 예수재는 매우 규모가 크고 단壇을 설치 할 때도 웅장하고 까다로웠습니다. 그 명칭도 예수시왕생칠재預修十王生七齋라고 하고, 의식도 별도로 있었습니다. 물론 이 때 읽은 경전도『관정수원왕생십력정토경』이라고 하는 경전이 있습니다. 이 경전에 의하면 누구나 죽기 전 공덕을 살아 생전에 삼칠일을 닦는데, 번을 달고 등을 켜고 스님들을 청하여 경을 읽고 하면 죄업이 소멸한다고 했습니다.

　지금도 사찰에 따라서는 다소의 차이가 있지만 여러 신도들이 합동으로 동참하여 성대하게 법회를 개설하고, 바라춤을 추고 회심곡을 북과 징을 울려 장단을 맞추어 노래를 합니다. 그런가 하면 연(가마)을 타기도 하고 반야용선을 만들어 타기도 합니다. 옛날에는 이런 행사를 하면 불자뿐만이 아니라 사찰 근처의 여러 마을 사람들이 다 모여 구경을 하고 야단법석이 되었습니다. 큰 축제 마당이 되었던 것입니다.

　사실 이런 행사는 오늘날에도 새로운 의미로 잘 살려 사찰의 고유한 전통 문화로 이어가야 할 필요가 있습니다. 다시 말해서 사찰 안의 불자들만을 위한 행사가 아니라 보다 많은 사람들이 참여 할 수 있는 문화 공연 행사로 발전해야 한다는 것입니다. 각 사찰에서는 이번 윤달에 예수재라는 새로운 문화 이벤트적인 행사를 해보는 것을 권장하고 싶습니다.

　하지만 예수재는 글자가 말해주고 있는 것처럼 살아생전에 미리 닦는 것인데, 미리 닦는 것으로는 평소 불도수행을 잘하는 것보다 더 좋은 것은 없습니다. 그리고 주변에 힘들고 어려운 사람들을 돌보고 그런 사람들에게 따뜻한 마음을 나누는 것 그것이 가장 좋은 예수재라는 뜻입니다.